黄道周

侯真平 主编

郑晨寅 著

海峡出版发行集团 | 鹭江出版社

2025年·厦门

图书在版编目（CIP）数据

黄道周 / 侯真平主编 ; 郑晨寅著 . -- 厦门 : 鹭江出版社, 2025.5. -- ISBN 978-7-5459-2499-2

Ⅰ. K827=48

中国国家版本馆 CIP 数据核字第 2025WP5692 号

出 版 人　雷　戎
策划编辑　林凤来
责任编辑　齐艳艳　朱文彦
美术编辑　林烨婧
装帧设计　赵释然

HUANGDAOZHOU
黄道周

侯真平　主编　　郑晨寅　著

出版发行：鹭江出版社			
地　　址：厦门市湖明路 22 号		邮政编码：361004	
印　　刷：福建新华联合印务集团有限公司			
地　　址：福州市晋安区福兴大道 42 号		联系电话：0591-88208488	
开　　本：889mm×1194mm　　1/32			
印　　张：8.375			
字　　数：147 千字			
版　　次：2025 年 5 月第 1 版		2025 年 5 月第 1 次印刷	
书　　号：ISBN 978-7-5459-2499-2			
定　　价：35.00 元			

如发现印装质量问题，请寄承印厂调换。

序

黄道周（1585—1646），是明朝末年享誉天下的道德楷模、大学问家和大书画家。

他字幼玄，号石斋（此外，还有多个字和号在此不一一列举），南明隆武朝谥忠烈，清乾隆朝谥忠端，镇海卫铜山守御千户所（今福建省漳州市东山县）军籍，先后在福建漳州地区六个地方生长、居住、讲学（涉及今天漳州市七个区县）：诞生在铜山千户所的所城[今东山县铜陵镇，外围区域原隶漳浦县五都，嘉靖九年（1530）改隶诏安县]，八岁至十三岁跟随胞兄黄道琛就读于平和县顿坑村（今云霄县下河乡车圩村屯坑自然村），十九岁教私塾于平和县范厝寨（今大溪镇江寨村），二十岁读书著述于平和县灵通山（今大溪镇），二十二岁至二十五岁随父母胞兄移居顿坑耕读，二十五岁起定居、讲学漳浦县城，还曾讲学于漳州市芗城区、龙海市，他的父母、他与妻子的坟墓都在漳浦县城北端。

他自幼天资聪颖，勤学善思好问，十四五岁游学广东博罗时，就以文采夺目、才思敏捷赢得当地士绅韩鸣凤、韩日缵父子等人的赏识。他二十五岁开始定居漳浦县城，这时已经相当博学，备受漳州地区文化精英的激赏。

他虽然学问渊博，但因为父守孝，以及试卷内容多次违反规定，所以迟至万历四十六年（1618）三十四岁才考上举人，三十八岁才成为进士、庶吉士，四十岁留任翰林院编修，从此登上政治、文化的中央舞台，直至六十二岁因抗清不降而慷慨就义。

在崇祯朝，他官至少詹事（皇太子的属官，正四品），多次对朝政提出具有重大影响的批评与建议，为此屡遭削籍、降级外调，甚至受廷杖八十，入狱一年半，遭受严刑逼供。

在弘光朝，他升任礼部尚书（正二品），受马士英、阮大铖等当政者的排挤。

在隆武朝，他升任首辅（首席文官，相当于前朝的宰相或丞相，正一品）。但是由于掌握军权、财权的郑芝龙集团拥兵自重，多方掣肘，黄道周无法施展抱负，只得自请徒手召募、率领万人义师北上江西、安徽抗击清军。因弹尽粮绝，于战场被俘，他誓死不降，慷慨就义。

他的人品、学问、书法、绘画，在生前身后都享有很高的声誉。他贫贱不能移、富贵不能淫、威武不能屈的高贵人格，广博专精的学问，以及遒媚浑深且富于创新的书法艺术，高格磊落的绘画风格，使他成为中国历史上影响深远的文化名人。

具体地说，他的成就和历史影响如下。

第一，他是明朝末年廉洁自律的道德楷模，正直敢言的诤臣，士大夫的清流领袖，天下士子的精神领袖，宁死不屈、慷慨就义的抗清英雄、风骨士人。他贫贱不移、富贵不淫、威武不屈、不惮斧钺、慷慨就义、坚守人格尊严，这种精神是任何时代都稀缺且需要的。

第二，他是学问博大精深的大学问家。他学问广博，基本囊括了当时的文科知识，同时又专精于易学、天体学，是明清一千多位《易经》研究者中最有创见的三大学者之一，他的地动理论被视为17世纪中国的准哥白尼学说。他的学术影响巨大，在北京、南京、浙江、江苏、安徽、福建、江西等地有学生四五百人，其中有不少成就斐然，包括"百科全书派学者"方以智，会通中学西学的学者陈荩谟，实学思想家张履祥，复社领袖、实学学者陈子龙等。此外，明清之际的大思想家黄宗羲，是黄道周的私淑弟子。

第三，他是大书画家。在书法方面，他是"晚明六大家"（徐渭、张瑞图、黄道周、倪元璐、王铎、傅山）

之一，遒媚浑深的楷书、行草（含章草）及其章法，独树一帜，刷新书坛风气，在当时已经非常有名，直接影响了后来的吴昌硕、沈曾植、潘天寿、沙孟海等书画大家，并影响着当今书法界。他的绘画，是典型的文人画、学者画，格调高峻磊落，涉及山水人物、长松怪石等题材。

他的人品、学问、书画，历来备受人们的称赞。

他的这些成就是如何取得的，对后人有何启迪？这些必然是读者想知道的。

郑晨寅教授，是黄道周研究专家，在中国古典文学、历史学、哲学等方面造诣深厚。郑教授所撰此书，既回答了上述问题，又旁及多种学科的知识，而且行文饶有趣味，富于启迪。

为了增强可读性，作者在严格依据黄道周生平史迹的前提下，对一些生活细节予以适当的想象，以更生动丰满地展示黄道周的形象，这是合情合理的。

侯真平

2025 年 2 月 5 日

（注：本序作者侯真平教授为知名黄道周研究专家。）

目 录

引言 001

第一章 海边有奇石 003

第二章 家门口的武庙 007

第三章 好问的学生 011

第四章 初读朱子书 017

第五章 遥远的回响 021

第六章 第一次出远门 027

第七章 闽海才子 033

第八章 罗浮奇遇 039

第九章 父亲的心结 047

第十章 受冠成人 055

第十一章 遇见王阳明 063

第十二章 少年心事与布衣精神 071

第十三章 远去的故乡 079

第十四章 哀续《离骚》动浦中 087

第十五章 结缘张燮 097

第十六章 一波三折的科举之路 105

第十七章　翰林院里的双子星 115

第十八章　不肯下跪的老师 121

第十九章　霞与石的交响 129

第二十章　北上勤王 137

第二十一章　主考官是『东林党』吗 145

第二十二章　与崇祯帝的第一次交锋 155

第二十三章　人文与天文之间 163

第二十四章　创立大涤书院 173

第二十五章　榕树下的『万能先生』 183

第二十六章　平台召对 195

第二十七章　监狱也是研究室 207

第二十八章　从明诚堂到邺山书院 219

第二十九章　从弘光朝到隆武朝 231

第三十章　最后的家书 245

第三十一章　一代完人 251

结语 257

引 言

高山，以其巍峨耸立而令人仰望；大海，以其浩瀚莫测而引人遐思。福建多山，有"八山一水一分田"之称；又地处东海之滨，《山海经》载"闽在海中"。明代，有一位博学善思、志向高远的福建少年，从闽南的海边出发，一生跨越许多长河，登临无数高山。他渊博的学识，如大海一般深广；他卓越的品行，成了那个时代的高峰。他，就是黄道周。

第一章

海边有奇石

漳州是福建最南端的州郡，紧邻广东。在漳州的南端，有一个美丽的小岛，其形如蝶，故称蝶岛，其东有山陵突起，故也叫东山岛。岛上有一块硕大的石头，面朝大海，栉风沐雨，不知存在了几万年。今天，游客到东山，除了欣赏碧海、蓝天、金沙、白鸥，更会慕名去寻访这块据说会随风而动的石头——风动石。人们走近时，会看到在这块石头的醒目位置上刻着三位忠贞爱国、舍生取义之人的名字——黄道周、陈瑸、陈士奇，因此这块石头也叫"三忠臣石"。其中，陈瑸、陈士奇是黄道周的学生。天风海涛石不语，而我们不禁想问：是一种什么样的力量，能令后人把他们的名字镌刻在这块神奇的石头上？又是一位什么样的老师，能让学生跟随他一起慷慨就义、史册流芳？

让我们把目光投向四百多年前，那个风雨飘摇的时代。

那时的东山岛，是一个防御倭寇与海盗的海防要塞，称"铜山守御千户所"，取铜墙铁壁、固若金汤之意。明代实行卫所军事制度，明初江夏侯周德兴在福建沿海建立五个卫所，其中在漳州设镇海卫，下辖三个守御千户所，除原属漳浦的铜山、陆鳌（今六鳌镇）外，还有诏安的玄钟（今梅岭镇）。

在铜山所的东门，有一个小院落，院中有一口深井，井水甘洌。铜山是海岛，淡水资源不多，这口井就成为四邻共同的汲水之处。此时，在庭院的堂屋里，有一个男子正在不停地踱步，焦急地等待新生命的降生。

这名男子姓黄，名季春，字嘉卿。就在前一日，黄嘉卿的妻子陈氏因十月怀胎，行动不便，正在家中休息，忽然门口数百米外的风动石轰然倒下，竟落入她的怀中，她大声惊呼，从梦中惊醒。陈氏醒来后感到腹中阵痛，连忙让黄嘉卿请来接生婆王婶和两个邻居阿嫂。很快，女人们便在里屋忙碌起来，只留下黄嘉卿一人在堂屋候着。

不知来回走了多久，黄嘉卿终于停下脚步，望向西墙上挂着的长剑，剑鞘上已蒙上一层灰尘，他又看了看东窗的书桌，残烛下书卷凌乱堆放，不禁发出一声长叹。

黄氏原为军籍，祖上从莆田的平海卫莆禧（今秀屿区山亭镇蒲禧村）守御千户所移调至铜山，到嘉卿这一代已有五世，那把剑正是黄嘉卿先祖传下来的遗物。经过几代繁衍，人口增多，军人后代中并非每个男丁都要服兵役，到了嘉卿这一代，这把剑更多是这个家族的记忆罢了。他空闲时喜欢舞刀弄剑，强身健体，毕竟海疆多故，特别是自嘉靖以来，倭患猖獗，铜山屡有烽火；同时他还勤于读书,通过博览群书看到更广阔的世界,这是他与父辈的不同之处。他曾暗暗发誓,要让自己的孩子读书应举,走一条与祖上不一样的道路。可是,长期以教书为业的岳父却泼他冷水:"科举之路,谋事在人,成事在天,难啊!"

就在他胡思乱想之际,里屋突然传来一阵嘹亮的婴儿啼哭声,犹如雄鸡初啼,划破万历十三年(1585)早春二月初九凌晨的寂静。这一年是乙酉年,本年出生的婴儿生肖属鸡。王婶小跑出来,笑呵呵地对黄嘉卿说:"恭喜恭喜,又添新丁啦!"

黄嘉卿为了纪念妻子梦石入怀一事,给儿子取了乳名"小石头",族谱字辈名为"士瑛"。瑛者,似玉之美石也,这也和黄嘉卿大儿子"士珍"的名字相承(数年后,黄嘉卿有感于"士志于道",将两个儿子的名字分别改为"道琛""道周")。

不过,他们夫妻没想到的是,有朝一日这个小石头的名字会刻在他母亲梦中的那块大石头上,流传百世。后来,黄道周又有"石斋""石史""石道人""漳海石人"等别号,或许是由此而来。

第二章

家门口的武庙

小石头没有人如其名，拥有像石头一样结实的体格，反倒是柔弱多病。刚满周岁，小石头便染上热疾，陈氏日夜不眠地照料，到处求医问药，但小石头的病情依然没有什么起色，而此时黄嘉卿又出门远游，不知所终。稚子身上疾，慈母心头恙！陈氏将自己的面颊紧紧贴着小石头滚烫的脸，似乎觉得这样能吸走孩子身上的一些热量，让孩子重新露出甜甜的笑容。可是，小石头依然紧紧抿着小嘴，难受地小声哼着。

王婶说："要不，去关二爷那边问问？"

也只能如此了。于是，陈氏抱着小石头，踉踉跄跄地向离家不远的关帝庙奔去。

王婶口中的"关二爷"，就是三国时期的英雄人物关羽。从《三国志》到《三国志通俗演义》，在儒家正统观念与民间传说的长期交互影响下，武艺高强的关羽因坚守忠义原则、维护仁君正统等特性，其事迹被逐渐神化，最终超越三国时期乃至历史上其他阶段骁勇过人的武将，成为众将之魁首。唐宋时期，关羽已配祀武庙，明代更是进入国家祭典，朝廷累次敕封关羽，在民间建了大量主祀关羽的武庙。东山关帝庙如今已成为我国四大关帝庙之一，雕梁画栋，金碧辉煌，香火鼎盛，也是台湾关帝信俗的发祥地。但此时陈氏要去的关帝庙还只是一个小庙，是最早一批驻防东山的军士在明初洪武年间从北方带来的行业神明，因为关羽是"武圣人"，能保佑官兵打仗得胜。

跨入庙门，看着神座上不怒自威的关公像，陈氏扑通跪下，双手合十，说道："关二爷，请您保佑我孩儿，让他早点好起来吧！"庙祝是一位老阿伯，他给陈氏开了一个药方，让她去按方抓药。也许是心诚则灵，也许是服下的青草药真的有效，第二天，小石头逐渐退烧，又露出刚长出的两颗小虎牙，冲着母亲微笑，陈氏不禁喜极而泣。

因为这件事，长大后的黄道周，对关羽其人、关帝其神有更加全面而深入的认知。《礼记·祭法》中记载："法施于民则祀之，以死勤事则祀之，以劳定国则祀之，能御大灾则祀之，能捍大患则祀之。"对国家、人民作出贡献、付出牺牲的人，国人不会忘记。《周礼·大司乐》亦载："凡有道者、有德者，使教焉；死则以为乐祖，祭于瞽宗。"生前为师，死后为神，体现了人们对道德高尚者的尊崇。《论语》则云："慎终追远，民德归厚矣。"又曰："祭神如神在。"由此可以看出，中国民间信俗本质上是一种人文信仰，其核心可以用八个字来概括：尊天敬祖、崇德报功。在明末，国家大一统遭遇严峻挑战之时，关帝信俗更具有特殊价值。崇祯八年（1635），黄道周挥毫为故乡的关帝庙题写对联："数定三分，扶炎汉，平吴削魏，辛苦倍常，未了一生事业；志存一统，佐熙明，降魔伏虏，威灵丕振，只完当日精忠。"这或许有他儿时祈安得佑的感恩，但更多的是在国家内忧外患之际匡扶中华、维护一统的情感寄托。如今，这副对联也成为诸多台湾信众来东山寻谒祖庙的信物。文化超越时空的力量，由此可见一斑。黄道周曾在《广名将传》里这样评价关羽："关羽纯忠，一心汉主；受害一朝，垂名千古。"这也可以视为他自身的写照。

东山岛上除了有武庙，还有文庙。文庙又称孔庙、夫子庙，是历朝历代祭祀至圣先师孔子的庙宇，也是县一级以上行政区域的文教标配，如漳州府文庙建于宋仁宗庆历四年（1044），漳浦县文庙建于宋神宗熙宁三年（1070）。铜山文庙原本是一所学校，由当地一位名叫武守为的乡绅在明代正德元年（1506）出资所建，既作为家塾，教育本族子弟，又祀拜孔子，礼敬圣贤，所以本地人也称它作"圣殿""文庙"，颇合"庙学合一"的传统模式。后人在此基础上建东壁书院、崇文书院，万历年间改为社学，小道周正是在此就读，那一年，他虚龄五岁。小小年纪的他当然不会想到，数百年后，人们在这所社学的旧址上建造了一座黄道周纪念馆。

第三章

好问的学生

作为母亲，陈氏是最早发现黄道周颇具读书天分的人。小道周尚在襁褓时，偶有哭闹，陈氏便一边忙着女红，一边随口吟诵《诗经·蓼莪》："蓼蓼者莪，匪莪伊蒿。哀哀父母，生我劬劳。"这时，他就瞪圆了双眼，安静下来，好像听得懂一般。等小道周再长大一些，陈氏便试着教他《三字经》，而他居然在短短几天内全篇成诵。于是，等他到了五岁，陈氏便让他就近入学，坐在一群邻家哥哥前面，听社学里的主讲何先生授课。

进了社学，小道周觉得什么都新鲜：堂屋很敞亮，四面共有八扇窗户，比家里的厅堂大多了；西面墙上挂着一把约三拃长的黝黑的竹尺，这应该就是传说中能令淘气孩子心生怯意的戒尺了；北面有一架屏风，正中悬挂着一幅长胡子老人的画像，画像中的老人慈眉善目，拱手而立，仿佛要告诉孩子们什么道理。何先生在屏风前面的讲席上正襟危坐，微闭双眼，略显严肃。

开学第一日，先生要讲《论语》，首篇即为《学而》，只见他摇头晃脑地吟诵第一章。"子曰：'学而时习之，不亦说乎？有朋自远方来，不亦乐乎？人不知而不愠，不亦君子乎？'"孩子们七嘴八舌地跟着读了几遍。

接着，先生又开读第二章。"有子曰：'其为人也孝悌，而好犯上者，鲜矣；不好犯上，而好作乱者，未之有也。'"先生读到最后一个"也"字时，拖着长音，让小道周觉得很有趣。

第三章很短，不过对小道周来说，意思不太好理解。"子曰：'巧言令色，鲜矣仁！'"先生解释说，这是叫人要老实本分。

然后，先生开始读第四章。"曾子曰：'吾日三省吾身：为人谋而不忠乎？与朋友交而不信乎？传不习乎？'"

先生说："今天就读这四章，如曾子所言，'传不习乎'，明天我要检查诸位能否熟读成诵。现在有什么问题，可以发问。"

孩子们都在忙着收拾文具，没人提问，心里惦记着今日家人会煮什么好吃的。这时，小道周起身向先生行了个礼，用稚嫩的嗓音问道："请教先生，为什么孔子教人要好好读书，'学而时习'，但是有子却教人要'孝悌'，这两者是什么关系呀？孔子教人要老实，而曾子却教人要反省自己，哪一个更重要呢？"

何先生教书多年，从未有学生如此发问，一时不知如何回答。他思忖了一下，说："士璜所言颇有见地，各位可以回去思考，明日我们再来解说。"

回到家中，小道周绘声绘色地向母亲讲述当天上课的诸般情形，母亲夸奖道："会提问题的学生才是好学生。学习就是要善于思考，敢于质疑。"她耐心地向小道周解释道，《论语》原是语录体，是孔子及其弟子言语、对话的合集，上下句之间不一定有严密的关系。《论语》共二十篇，各篇大体有各自的主旨，如首篇《学而》主要讲为学之道，学习不只是学典籍文字，更要学孝悌、行仁义，人人皆可通过学习成为圣贤。陈氏接着说："大儒朱子的《论语集注》注解首章，说得清楚明白：'学之为言，效也。人性皆善，而觉有先后，后觉者必效先觉之所为，乃可以明善而复其初也。'"小道周认真地听完，说："我知道了，这就是《三字经》开头所说的'人之初，性本善'吧！"陈氏摸摸儿子的头，高兴地笑了。后来黄道周一生服膺"性善论"，创"乐性说"，在邺山书院建"与善堂"，凡此皆与其从小习闻"性本善""明善复初"不无关系。

后来，黄道周的弟子们出于对恩师的尊敬爱戴和对其学识的佩服，常说恩师出生时"命直南斗，次于奎初"，把黄道周说得似乎天赋异禀、魁星转世。其实，黄道周有如此渊博的学识，主要是因为他从小好学善问、勤于记忆、学思结合，同时还得益于良好的家教。

黄道周的外祖父是一位饱学开明之士，不像闽南当时大多数人家一样重男轻女，对女儿同样尽心教诲，所以陈氏从小就熟读诗书，对经、史、子、集都有所涉猎。出身于书香世家的她一生尊崇先师孔子，对儒家经典，尤其是《四书》十分熟悉。黄家并不富裕，而黄嘉卿又好漫游四方，一年在家时间不过数月，所以操持家务、教育孩子主要有赖于陈氏。陈氏教育孩子宽严有度，小道周毕竟是孩童，有时难免懈怠，这时她会略加惩罚，使小道周保持良好的学习状态。

入学第二年，黄道周对《论语》已熟读成诵。黄嘉卿直至腊月二十九才归家，风尘仆仆，衣裳破旧，刚好遇到邻居李婶来家里和陈氏一起做针线活。李婶抖抖手中刚做好的新衣，开玩笑地说："黄郎这是怎么了？穿着破衫破裤，新年如何见客呀？"黄嘉卿不免有些尴尬，小道周在旁边听了，朗声说："子曰：'士志于道，而耻恶衣恶食者，未足与议也。'"这是《论语·里仁》里面的一句话，用于此处甚是贴切，不只李婶啧啧称奇，黄嘉卿也大为惊异，直呼好一个"士志于道"！于是他决定以"道"易"士"，将两个儿子的名字改为"道琛""道周"。"琛"者，珍也；而"道周"的"周"，或许与《诗经·唐风·有杕之杜》有关："有杕之杜，生于道周。彼君子兮，噬肯来游？中心好之，曷饮食之？"以一棵独立于路旁的甘棠树作喻，表达了知音难觅，愿与君子同游的感慨。

不过，高兴劲儿还没过，黄嘉卿就发现小道周最近沉迷于曹植的诗,整日"高树多悲风,海水扬其波""明月照高楼,流光正徘徊"不绝于口,这让他沉思良久。一方面,小道周的早慧是显而易见的,李婶家八岁的儿子小海螺还在哭闹着要吃大螃蟹,六岁的小道周却缠着陈氏给他讲解曹植的名篇《洛神赋》;另一方面,如何引导小道周阅读意义更为隽永的书,却是要详加考虑的。黄嘉卿认为对孩子的教育不能拔苗助长,要因材施教。于是,他做了一个决定:年后,去给小道周买一些新书。

第四章

初读朱子书

黄嘉卿要买的书主要是朱熹的《资治通鉴纲目》。

朱熹(1130—1200),字元晦,世称朱子,是继孔子之后又一集大成式的大儒。他力主抗金,渴望恢复中原,更怀着强烈的文化担当意识,博览群书,遍注经典,致广大、尽精微,综罗百代,尤其发展了北宋程颢、程颐兄弟的理学思想(故后世有"程朱理学"之称),主张格物致知、正心诚意,克制泛滥的欲望,复归天命之善,这本是针对当时帝王权贵穷奢极欲、剥削民脂民膏的行为而提出的主张。他对二程的"存天理,灭人欲"解释得很清楚:"饮食,天理也;山珍海味,人欲也。夫妻,天理也;三妻四妾,人欲也。"但后来这一主张被统治者转手变成束缚百姓的工具。朱子的学说常被人们误解,这是他始料未及的。

朱熹与闽南渊源很深。他十九岁中进士,二十四岁首次出仕,即到泉州同安县当主簿,在同安任上,他深切了解民间疾苦与社会现实,开始努力摆脱佛老思想的影响,转向二程理学。宋绍熙元年(1190)四月,六十一岁的朱熹出任漳州知州,积极推行正经界、节民力、兴教化、易民俗等诸多善政，漳州从此有了"海滨邹鲁"之称，漳州人皆以"紫阳过化"为荣。朱子还曾在漳州任上按《大学》《论语》《中庸》《孟子》的顺序刊刻"四子"书，并附录程子读书之法，是"五经"之后、北宋以来"新儒学"经典——《四书》学史上的重要版本，被后世学者称为"临漳版《四书》"。

在史学方面，朱熹在司马光史学名著《资治通鉴》的基础上，订正错误，删繁就简，发扬《春秋》"大一统"观念，按照时间顺序记载史事，编撰成《资治通鉴纲目》。全书以"纲目"为体，每记一事，先列提要，即"纲"；随后叙述具体内容，即"目"。因《资治通鉴纲目》一书纲举目张，且内容仅为《资治通鉴》的五分之一，故在士林、民间流传颇广。

因为铜山当时没有比较大的书肆，黄嘉卿选了一个好日子，去漳州城购书。他这次进城除了买《资治通鉴纲目》，还购置了朱熹的《周易本义》《近思录》《诗集传》《楚辞集注》等著作，以及《尚书》"春秋三传"(《左传》《公羊传》《穀梁传》)等儒家经典，装了满满一筐。返程时，刚好有两个到漳州售卖海鲜干货的同乡要一道回铜山，于是黄嘉卿请他们帮忙扛书。竹筐里的书都堆满了，盖子盖不上，黄嘉卿就拎着盖子，背着其他行李跟在两个同乡后面。大家走了一段长路，得休息一阵子，两个同乡或坐或卧于路旁，黄嘉卿却恭恭敬敬地拱手站在竹筐边。路人诧异地问："你这是在做什么？是在等哪位官人或长者吗？"黄嘉卿庄重地说："我在守护这些书籍。这里面蕴含着圣贤精神，乃天下性命之所系，轻慢不得。"

回到家中，小道周看父亲买回来这么多新书，高兴得终日捧着书翻阅。陈氏喊他吃饭，都要叫上好几回，他才匆匆过来扒拉几口，又赶紧跑回去看书。陈氏收拾碗筷，发现他一口菜也没吃，就笑着说："以后不用吃饭了，吃书就饱了，真是个小书虫！"

第二天，黄嘉卿开始为小道周讲解《资治通鉴纲目》，在陈述史事的同时，结合朱子的褒贬大义，讲到激动处，不禁拍案而起。黄道周虽然尚年幼，但已能分辨忠奸邪正，略晓王道仁政，初步形成了自己的历史观与价值观。后来他中进士，入翰林院，也成为"太史公"，参与编写《神宗实录》，撰述历代名臣事迹《懿畜编》，为包括诸葛亮在内的诸多贤人作《五十六贤赞》，等等，都可以看出这部"升级版的《资治通鉴》"对他的影响。

孟夏草木长。转眼之间，黄嘉卿又要出门远游，而铜山社学的何先生看来已经很难再教给小道周新知识了。这时，黄道琛接到邀请，到一个离家数十里的小山村当私塾先生。于是，他问弟弟："你想和我一起去山里住一阵吗？"

黄道周还从来没有离开过铜山呢！他期待地看着母亲，母亲点点头，于是他开心地蹦起来，拉着哥哥的手说："好！"

这一年，黄道周八岁，他的哥哥黄道琛二十四岁。

第五章

遥远的回响

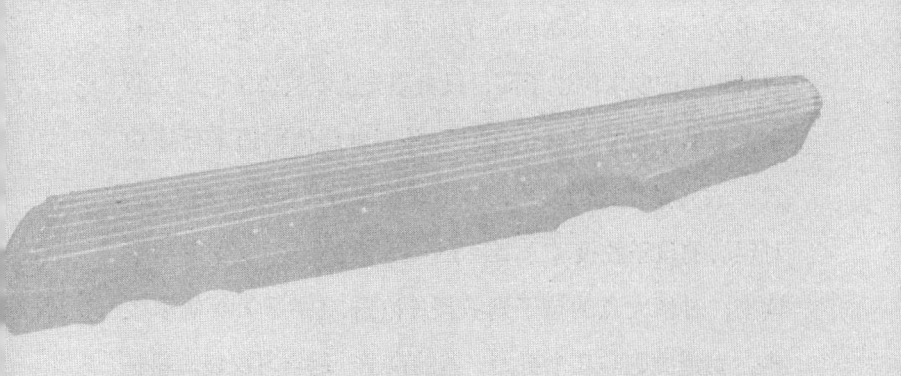

黄道琛要去的地方，叫顿坑。这个地方说远不远，距离铜山有数十里。漳州的治所最初在古绥安县的云霄，漳州之名，得自云霄境内的漳江。从铜山坐船至云霄渡，再沿漳江北上，可到渔鼓溪。渔鼓溪是乌山下漳江北溪的一条支流，沿岸有七八个村庄、数百户人家，顿坑是其中一个小山村。四百多年以后，研究黄道周的学者们来到顿坑一带考察，发现当地仍有不少与黄道周有关的遗迹与传说，圣贤辉光，于今不灭。

黄道琛自幼受外祖父和母亲教诲，在铜山且耕且读，通晓诗书，当个教书先生绰绰有余。他携弟来到顿坑，住在村里提供的一间草庐，这里的百姓善良，学生淳朴，没过多久，兄弟二人就适应了山居生活。这个村的村民对教书先生的要求倒也不高，只希望先生能教孩子们识文断字，有助于他们日后的生计，并不奢望他们追求仕途功名。对入塾就读的学生，黄道琛采取分年龄教学的方法，对年幼的孩子教授《三字经》《百家姓》《千字文》等启蒙读物，对稍大点的孩子则教授《论语》《孟子》等儒家经典。黄道周则与几个更大一些的孩子一起学习汉魏六朝骈文、唐宋古文，也可以自由看书。

黄道琛此次入山，带着外祖父临行所赠的两件物事：一张琴和一口很大的柳条箱，箱子里面装满了书。外祖父的叮咛犹在他的耳边："道琛，弟弟读书有天分，你父亲以程朱正学教他固然不错，但'博学于文，约之于礼'，也是孔子所提倡的，道周还小，只要大方向无误，不妨泛观博览，依仁游艺，今后的路径会更宽，你要对他多加引导。"道琛说："谨奉教！"兄弟二人安顿好后，打开柳条箱一看，里面除了一些儒家经典书籍之外，还有《老子》《庄子》《荀子》《吕氏春秋》等诸子百家之书，以及《昭明文选》《律吕新书》《抱朴子》《云笈七签》等杂著。黄道周如获至宝，与哥哥朝夕研读，"奇文共欣赏，疑义相与析"，乐在其中。

《昭明文选》是南朝梁昭明太子萧统编的一部诗文总集，收录先秦至梁时七百余篇诗文辞赋，其中嵇康《琴赋》一文，深受黄道周喜爱。嵇康，字叔夜，曾官至中散大夫，故亦称"嵇中散"，是中国文学史、美学史乃至哲学史上的一位奇人。嵇康身处魏晋易代之际，曹氏式微，司马氏权力渐大，对司马氏集团不满的士人多不谈论政治，转而崇尚清谈、养生、服药、饮酒乃至佯狂，以此避祸，最著名的如嵇康、阮籍、刘伶、山涛、向秀、王戎及阮咸七人，常纵酒放歌于竹林之下，号称"竹林七贤"。

嵇康性情傲岸，睥睨世俗，尤为司马氏所忌恨。阮籍为谢绝司马昭的联姻，醉卧六十日，不发一言，令求婚的使者知难而退，他的长啸，却只能迸发于无人的深山；而嵇康则作名篇《与山巨源绝交书》，表达不与司马氏合作的态度，其中愤世嫉俗的"非汤武而薄周孔"之言论，是他最终被杀害的原因之一。其实，谁才是真正非汤武、薄周孔的罪人，亦如司马昭之心，路人皆知。

嵇康临刑前，神色自若，别无所求，只要一张琴。他那曾经打过铁的手粗糙、坚定而澄明，琴弦颤动，等待一场倾尽一生的奏响。一曲终了，嵇康抚琴长叹："《广陵散》从此绝矣！"他在他的名篇《琴赋》中，从琴的取材、制作、演奏、风格等方面呈现中国古琴之美，特别赞扬代表"礼乐之情"的"琴德"，呼唤能理解琴音、琴德的"至人"，体现出怀瑾握瑜的清高与知音难觅的孤独。也许，只有与他共同在洛阳锻铁的向秀，以及因思念他而千里奔赴的吕安，才可以称得上他的知音吧！许多年以后，黄道周在为他去世的好友张燮撰写的《张汰沃哀词》中，特意用"吕安耦灌于山阳，嵇康共锻于洛邑"的典故，形容他与张燮的友情；而他抗清兵败被俘后，同样不忧不惧、从容就义，留下"天地知我，家人无忧"的名言，颇有嵇康之风。

但是，此时才十岁左右的黄道周，能读懂一千三百多年前代表"魏晋风度"的嵇康吗？能理解刘勰在《文心雕龙》里所说的"嵇志清峻，阮旨遥深"吗？很难说。但嵇康那种傲然的风骨与不幸的遭遇，应该是引起了他的共鸣。《琴赋》中写到的琴材"椅梧"生长的高山"盘纡隐深，磪嵬岑嵓，亘岭巉岩，岝崿岖崟，丹崖崄巇，青壁万寻"，与位于云霄、诏安、平和交界处，以丛崖、幽谷、深洞、巨壑、层云著称的乌山极为相似，因此黄道周经常登山历险，极目四望，少年如斯，竟往往也如阮籍放声长啸，迎风流涕。山谷之中，似乎飘荡着遥远的回响。

山居客少，岁月悠长，正适合读书习文。忽然有一天，黄道琛的友人张生来访。张生通音律，善鼓琴，于是道琛取出外祖父所赠之琴，请他指点黄道周琴艺。据说，琴为上古圣王所创制，原为五弦，后为七弦，很早就进入中国先民的生活，并被赋予丰富的文化内涵。《诗经》首篇《关雎》中有"琴瑟友之"之语，《礼记》中记载"士无故不撤琴瑟"，孔子曾向师襄学琴，而代表伯牙、子期友谊的"高山流水"之音，在千百年后犹有余响。黄道周学得很快，散音、泛音、按音诸音之别，擘、托、抹、挑、勾诸法之用，他几天就掌握了。张生惊奇地对黄道琛说："令弟聪慧，不同寻常，日后成就定远胜你我。"他特意多留了几日，将琴艺倾囊相授，临别时，又送给黄道周一本用黄绫包裹着的古琴谱——《神奇秘谱》。黄道周打开一看，竟发现其中有他心心念念的《广陵散》!

终于有一天，黄道周写出了《书嵇康〈琴赋〉后》，这是今人目前所能见到的黄道周最早的文章。在文中，他发挥嵇康遗意，认为琴为礼乐之原，批评"今世之士，不复寻其德意，而重其材本"，主张琴"精要所在，神明在人，与德相宜，性情斯洽"，由此可见，他寄托深远，见识不凡。

而这时，他才十二岁。

第六章

第一次出远门

在顿坑期间，黄道周常独自一人上山，偶尔在山里迷路时，他也会感到害怕，即使他知道哥哥一定会找到他。离家久了，夜深人静时，他也会暗暗想念远在铜山的母亲，想着母亲应该也在灯下思念他吧。但是，顿坑安静的环境的确能使他注意力集中，思考得更加深入细致；顿坑清幽的山水也使他心情舒畅，读书效率大大提升。

黄道周十一岁那年年底，因祖母去世，兄弟俩回铜山奔丧。回到铜山后，他也找到了两处同样清静的适合读书的地方，一处在水寨大山（即九仙山），一处在风动石对面的东门屿。这两个地方，现在都成为游客追寻黄道周足迹的著名景点。对于前一个地方，黄道周在《铜山石室记》中回忆他年轻时常常一大早就登临此山，手不释卷，直到月亮从海上升起；而第二处地方，则有后人在他读书的鹰嘴岩上刻下"石斋"两个大字，并有十六字题辞："先生节义，照耀今古，石室荒凉，仅存遗址。鱼跃鸢飞，具见大道，谨署二字，以诏后人。"《诗经·大雅·旱麓》中有"鸢飞戾天，鱼跃于渊"之语，《中庸》用此句表达天理周流遍行之意，后人化用经典昭示石斋先生精神的永恒。东门屿孤处海中，需要乘船才可到达，所以黄道周每次总要带足干粮，准备好炊具，一去就长达十数日。读书闲暇之余，他常登至岛上的最高峰观沧海，只见大风起处，海天相接，波澜壮阔，与乌山顿坑的景致大不相同。

顿坑之旅的另一个作用，是扩大了黄道周的活动范围，使他接触到外面的世界，并且渴望看到更广阔的天地；而嵇康超凡脱俗、特立独行的做派对他的影响，也一直持续到他成年。于是，他接下来的广东罗浮山之行，就顺理成章了。

罗浮山，实际上包含罗山与浮山，位于岭南中南部、广东惠州博罗县西北，有四百三十二峰、七十二石室，号称"百粤群山之祖"，秦汉以来素有"仙山"之名。传说浮山本是海上仙山蓬莱的一座山峰，尧时发大洪水，泛海漂浮来到这里，与罗山相傅合（"傅"，通"附"），故合称为罗浮山，罗浮山所在的地方，也因此称为"傅罗县"，后来衍化为"博罗县"。这个传说的现实依据，或许是如明初陈琏在《罗浮山志》中所说："晨起见烟云在山下，众山露峰尖，如在大海中，云气往来，山若移动，天下奇观也。"南来的海风与北下的气流交汇于此，故罗浮山常年云雾缭绕。而蓬莱是道教传说中的海外三仙山之一，由此可知罗浮山与道教的关系密切。

黄道周对罗浮山的了解，正是源于他读过的北宋道家类书《云笈七签》卷二十七《洞天福地部》中的内容。罗浮山为道教"十大洞天"的第七洞天，"周回五百里，名曰朱明曜真之洞天，在循州博罗县，属青精先生治之"；罗浮山的泉源洞又是"七十二福地"的第三十四福地，"仙人华子期治之"。罗浮山上草木丰茂，品类繁多，蕴含着丰富的药材资源，东晋著名道医葛洪曾来此采药，并由此开创了岭南道教派。葛洪还到过福建其他地方寻药行医，至今闽东霞浦的葛洪山、闽南漳浦的丹山（亦称灶山）仍有他的遗迹。值得一提的是，葛洪在《肘后备急方》中记载的治疗疟疾的方法"青蒿一握，以水二升渍，绞取汁，尽服之"，后来成为中国科学家屠呦呦的灵感源头，她提取了青蒿素，制造出抗疟药，造福人类，获得了诺贝尔生理学或医学奖。今天在罗浮山朱明洞景区，有一座规模宏大的葛洪博物馆，博物馆的牌匾正是屠呦呦亲笔题字。"呦呦鹿鸣，食野之蒿"（《诗经·小雅·鹿鸣》），先贤智慧，泽及后世。

黄道周此次前往罗浮山，是因为母亲的表弟倪生要到博罗县县学任职。他得知这个消息后，就对母亲说："儿子早就想去罗浮山看看，这次能不能和表舅一起去增长见识，开拓视野？"陈氏说："古人云：'读万卷书，行万里路。'你是应该多出去看看，这段时间你兄长在家中，你就安心去吧。此次远行，山高水长，一路上要小心。"

这是十四岁的黄道周第一次真正出远门。此前他去顿坑离家不过数十里，而这次铜山至博罗的旅程大约有八百里。他们走陆路经诏安分水关出福建，又经过潮州、揭阳、海陆丰（今汕尾市）等地，到了西江改坐船，历时约半个月，终于到了博罗。

倪生性情豁达开朗，一路上与黄道周相谈甚欢。他曾数次游历广东，对广东的风土人情比较熟悉。通过与倪生交谈，黄道周了解了沿途地区的许多地理人文知识。路过潮州时，倪生与黄道周谈起名列"唐宋八大家"之首的韩愈对潮州的治理。潮州紧邻漳州，在唐代被中原士人视为瘴疠之地，被贬谪的人往往谈之色变。韩愈因坚持儒家道统、上疏反对唐宪宗迎拜佛骨舍利，被贬为潮州刺史，所谓"一封朝奏九重天，夕贬潮阳路八千"。到任后，他很快从失落、挫败中振作起来，发挥才智，施行仁政，废除当地残存的买卖奴仆的陋习，整顿学校、培育人才以计长远，驱赶鳄鱼、兴修水利以济民生，半年后潮州面目焕然一新。韩愈去世后，潮州百姓为缅怀他，将当地的笔架山改称韩山，将鳄溪改称韩江，并在韩江之滨、韩山之上，建起韩文公祠，体现了老百姓对贤臣良吏的朴素情感。

行至惠州归善县（今惠州市惠阳区）时，倪生又聊起曾代理过归善县令的宋代漳浦进士高登，赞誉高登在太学求学时与陈东率领爱国诸生、民众上书，请诛蔡京、童贯等六贼，并且不畏秦桧强权，力主抗金，直言进谏，被编管于广西容州（今广西玉林市容县），依旧讲学不辍、教化一方。绍兴十八年（1148）高登病卒于容州，临终所言，皆为天下大计，丝毫未言及私事。后来朱子知漳，即拜谒漳州文庙、高东溪祠，作《谒高东溪祠文》，称其"所谓一世之伟人，非独一乡之善士也"，并上书朝廷为其平反。高登的事迹令黄道周肃然起敬，他为漳州有如此乡贤而击节称赏。

令倪生没有想到的是，四十年后，也就是崇祯十年（1637），五十四岁的黄道周在京城给子侄写信，将韩愈与张良、董仲舒、诸葛亮、文天祥等人并列，鼓励子侄们效仿这些先贤，"写其全传，出入袖中，久之自然成人"。崇祯十一年（1638），黄道周因罪被降级、归乡，于是次年他特意在漳浦北山建十朋轩、九串阁敬祀先贤，申明"以先贤为朋党"的志向，韩愈也位列其中，黄道周在赞语中称他"中垒而后，无有俪者"，推许韩愈文章是汉代刘向之后第一人。韩愈曾在《答刘正夫书》中提到汉朝文章以司马相如、太史公、刘向、扬雄为最，黄道周可谓深知其意。而崇祯十七年（1644），黄道周在漳州邺山书院讲学时，将高登列入与善堂"九先生祠"中，与朱子、陈淳、蔡烈等一道，作为诸生楷模。

在一路的对谈中，黄道周表现出的渊博学识，令倪生极为叹服。行程将尽，他自感文思已竭、腹笥已空，而黄道周的学问才情似乎还如江似海、滔滔不绝，不禁感慨后生可畏。这一日，已入博罗地界，倪生说："此地有一位先生值得一见，我带你去拜访他吧！"

第七章

闽海才子

倪生要带黄道周去见的这个人叫韩鸣凤，举人出身，当过几任知州，因此倪生称他为韩大夫。韩大夫年近六旬，赋闲居家休养，他博学多识，尤以提携后进、惜才爱才著称。

韩氏是博罗县知名的书香世家。黄道周随倪生走到巷口，远远就看到巷尾垣墙内一栋三层歇山顶藏书楼，这可是当地的一座标志性建筑，给看惯了平房瓦舍的黄道周带来极大的震撼。

倪生与韩大夫素有交谊，他与门倌说明来意后，两人便被延请入室。待宾主坐定，倪生向韩大夫郑重介绍黄道周，并称他为"才子""神童"。黄道周起身致谢，连称不敢当。韩大夫捻须微笑，看着眼前这位相貌平常、眉眼间却有一股英气的年轻人，心中半信半疑，不过一经交谈，便深感讶异：不论是儒家经典还是道家仙方，黄道周无不娓娓道来，并且在前人学说的基础上，结合自己的思索，自成一说。于是，韩大夫突发奇想，说："贤弟高才，既然思慕罗浮山而光临鄙乡，可否仿大谢作赋一篇，歌以颂之？不过，此事不急，你们远道而来，今日暂且歇息，待明日我遍邀博罗诸耆宿来寒舍一聚,你们也可趁机结缘有识之士。"

韩大夫说的"大谢",即南朝诗人谢灵运,他被认为是第一位全力创作山水诗的诗人,曾作《罗浮山赋》并序曰:

> 客夜梦见延陵茅山,在京之东南,明旦得《洞经》,所载罗浮山事,云茅山在洞庭口,南通罗浮。正与梦中意相会,遂感而作《罗浮山赋》曰:
> 若乃茅公之说,神化是悉。数非亿度,道单悒㤓。洞穴有九,此惟其七。潜夜引辉,幽境朗日。故曰朱明之阳宫,耀真之阴室,洞穴之宝衢,海灵之云术。伊离情之易结,谅沉念之罗浮。发潜梦于永夜,若溯波而乘桴。越扶屿之缅涨,上增龙之合流。鼓兰枻以水宿,杖桂策以山游。

此赋以茅山发端。茅山在江苏南部,地处句容、丹徒、金坛等地之间,号称道教"第一福地",西汉茅盈、茅固、茅衷兄弟三人在此地修道济民,后人称他们为"三茅真君"(即赋中所称之"茅君"),山也因此称得名"三茅山",简称"茅山"。东晋葛洪正是句容人,修炼于茅山抱朴峰,并写成《抱朴子》这一道家哲学与原始化学

（炼丹术）的重要著作。此赋写奇梦、仙山、潜流、洞天以及寻真访道之人，曲折邈远，意犹未尽，确实是名篇佳构，给黄道周出了个不大不小的难题。

黄道周微微一笑，拱手道："承蒙先生不弃，让晚辈得此受教机会。圣人有言：'见善如不及，见不善如探汤。'可否不必待至明日，晚辈即刻作赋，以就正于先生？"韩大夫甚是吃惊，说："如此甚好，我等敬候佳作！"

倪生在旁边捏了把冷汗，虽然这一路上他对黄道周的才华已有所了解，但还从没看过黄道周的文章呢！况且，这次还是命题作文，在这么短时间内，黄道周写得出来吗？

书房就在客厅旁边，笔墨纸砚早已备齐。黄道周略一思忖，挥毫立就。起首数句，即令倪生松了一口气：

> 罗山僻处天南，浮峰孤悬海外，苟一心之倾慕，虽万里其何伤？……

一开头，黄道周先借山喻人，表达君子意气相通及对东道主的敬重之情，接着铺陈排比，写尽罗浮景致，诸如朱明洞的奥妙、飞云顶的险峻，上有清泉湍流，下生灵芝异树，极沧海之精华，尽山川之秀美，虽是想象，却很逼真。根据后人所撰《黄道周年谱》记载，韩大夫读此赋后，只说了一句话："年少轶才，真闽海才子也!"激赏之情，溢于言表。

从此，黄道周就成为韩家的座上宾，韩氏藏书楼也多了一位读书人。此楼坐北朝南，绿水环绕，树木扶疏，因南方潮湿，特别是春季常有"回南天"现象，故一层只放置几张书桌、座椅，二层始有藏书，直至三层，共数十个书橱，书籍按四部分类法摆放，经、史、子、集，各得其所，既全且专。如葛洪的著作，韩氏藏书楼几乎悉数全收，有《抱朴子》《肘后备急方》《金匮药方》等等，其中有不少是黄道周闻所未闻之作。更令他欣喜的是，这里还有嘉靖刊本《嵇中散集》，可以让他尽情赏读嵇康的诗文。

韩大夫有三个儿子：二十一岁的韩日缵、与黄道周年纪相仿的韩日敬以及年方八岁的韩日钦，韩大夫命他们与黄道周共学。事实上，韩日缵前一年（万历二十五年，1597）刚以乡试第三名的成绩中举，可谓少年得志，但他为人谦逊，孝友敦笃，颇有君子之风，对黄道周的才学也深为佩服，所以几个年轻人相处融洽，经常一起秉烛夜读，共同探讨读书心得。

黄道周没有想到的是，十年后，即万历三十五年（1607）韩日缵中进士，进京为官。天启二年（1622）黄道周中进士，主考官之一竟是韩日缵！当时韩日缵正在阅卷，蓦然读到一篇让他倍感熟悉的文字，二十四年前朝夕相处、笔砚与共的情景顿时历历在目，他不由欣喜地说："此必福建黄子也！"此是后话。

第八章

罗浮奇遇

除了让黄道周遍观家中藏书外，韩大夫还安排了一仆一马，方便黄道周游览罗浮山。

一日，黄道周见天朗气清，于是备马，启程入山，他要去寻找传说中的朱明洞。

朱明洞最初是汉代朱真人修炼的地方，东晋咸和二年（327），葛洪听闻交趾（旧时对安南、越南的别称）出产丹砂，于是自请出任勾漏（今广西北流市）令，赴任途中经过广州，刺史邓岳表示愿供给他原料，在罗浮山炼丹，葛洪从此隐居于此，罗浮山即与泰山、华山、峨眉山等名山并列为《抱朴子》所载的"可以精思合作仙药"之山。又据《罗浮山志》记载，唐天宝年间，朝廷派道士申太芝祭罗浮山，在博罗县主簿任知宣及谙熟当地掌故的耆宿的帮助下，一行人终于找到了朱明洞，洞深不可测，他们挑选了一个胆子大的人，坐在藤笼中，用绳子拴住往洞内下缒，大约五丈后，那人就拽动笼绳请求返回。出洞后，他既惶恐又激动地描述道：洞中一眼望不见底，里面有日月星辰，刚入洞时可看到白云，后散为五色，宛若仙境。

到了北宋，朱明洞迎来了一个"不速之客"，他居留惠州两年多,"杖履罗浮殆居其半",很快成为罗浮山的"超级粉丝"。这个人,就是"坡仙"——大文豪苏轼。

宋神宗元丰二年(1079),苏轼因"乌台诗案"被贬为黄州(今湖北黄冈市)团练副使;哲宗绍圣元年(1094),苏轼又以"讥刺先朝"的罪名,再次被贬至惠州。如今的惠州东江之滨、白鹤峰上,建有苏东坡祠,祠前的苏东坡雕像,背手而立,举目远眺,衣袂飘然,似乎随时又要出发。诗人不幸山水幸,他在黄州留下了《赤壁赋》《念奴娇》等千古名篇,在惠州时他同样佳作迭出,脍炙人口的《惠州一绝》可看作为罗浮代言:"罗浮山下四时春,卢橘杨梅次第新。日啖荔枝三百颗,不辞长作岭南人。"在写罗浮山的同时,他也表达了对葛洪的悠然神往:"东坡之师抱朴老,真契早已交前生。"(《游罗浮山一首示儿子过》)当然,他也写到朱明洞:"罗浮高万仞,下看扶桑卑。默坐朱明洞,玉池自生肥。"(《次韵定慧钦长老见寄八首(其三)》)当时苏东坡应该是坐在洞口冥想洞中情景,因为他在《游罗浮题名记》中提到,他看到的朱明洞是"榛莽不可入,水出洞中,锵鸣如琴筑,水中皆菖蒲,生石上",洞穴似乎变成了一汪泉眼。"玉池"指人之口,"玉池生肥"指口中生津液,而吞食津液正是道家修炼养生的一种重要手段。可以说,朱明洞见证了苏轼的飘然出世,而这也是黄道周要寻访的道家仙境。

那么，黄道周为什么如此向往仙境、倾心葛洪呢？

一方面，中国的神仙之道有着悠久的历史，《庄子》里多次提到"真人""仙人""至人"；而从秦始皇起，历代帝王为了满足永久享有权力的欲望，常有求长生不老之举，如汉武帝信奉方士，建造金铜仙人以承接所谓"仙露"。而在黄道周生活的时代，明神宗朱翊钧也是一个热衷求仙问道的皇帝。在儒道互补的传统文化环境中，文人也在太虚幻境中寻找身、心、灵的栖息之地。黄道周喜爱的嵇康即著有《养生论》，既认同"上药养命，中药养性"，也主张服食灵芝、醴泉以延年益寿。嵇康在《与山巨源绝交书中》中明确说："又闻道士遗言，饵术、黄精，令人久寿，意甚信之。"在古代文人眼中，仙药多在山海之间，而仙人多隐居于高山。李白自称"五岳寻仙不辞远，一生好入名山游"，人们称他为"谪仙人"；苏轼则自称"玉堂仙"，被人们尊为"坡仙"。

另一方面，葛洪神仙之道自有独特之处。他将所谓神仙方术与儒家的社会教化与道德修养相结合，强调："欲求仙者，要当以忠孝、和顺、仁信为本。若德行不修，而但务方术，皆不得长生也。"又称："在朝者陈力以秉庶事，山林者修德以厉贪浊，殊途同归，俱人臣也。"这些观点对于纯粹的儒家弟子来说，也是颇有吸引力的。

今天，少年黄道周也来到罗浮山下。他高声吟诵苏轼的《次韵正辅同游白水山》:"欲从稚川隐罗浮,先与灵运开永嘉。"然后发出一声长啸:"稚川先生、灵运先生,还有东坡先生,我来啦!"声音穿透林梢,惊起了一只彩色的鸟儿。它扑棱扑棱翅膀,向远处飞去。随行的老仆韩二瞪大眼睛高呼:"这是五色雀啊!听老一辈说,见到这种鸟的人有福。"黄道周笑着说:"你们把它叫作五色雀吗?这种鸟应该就是汉代杨孚《异物志》中所说的'木客鸟',其大如鹊,绿毛红喙,常数十只聚为一群,单独出现时被视为祥瑞。"韩二早就听说这位黄公子博学多识,如今一见,果然名不虚传。

罗浮山又称东樵山,历来是当地人砍柴割草的地方。不过,在询问了几个樵夫、农户之后,黄道周有些失望。大家都说,因为年岁久远,朱明洞已经找不到了,宋代人所题"朱明曜真之天"的石榜也早已不知去向。黄道周想起数十年前明代大儒湛若水在《朱明洞记》中的记载:"洞前以出冲虚,有大石刻曰'朱明洞'者当其前,盖古迹湮没已久,人所不到极幽处也。"这说明当时朱明洞前已是一片荒芜,湛若水与同仁伐木剪荆,盖寝室、讲堂等共十数间,创建了甘泉精舍,但如今甘泉精舍也已倒塌。

黄道周只找到冲虚观,观前的东坡题词"葛洪丹灶"四字已模糊不清。《老子》称"致虚极,守静笃",又称"道冲而用之或不盈""冲气以为和",因此"冲虚"指向一种虚无广大的境界。此地本是葛洪当年的栖息处,最开始称"南庵",因为他在此修炼、著书、讲学,后人将其改建为葛洪祠,到了唐代改称都虚观,到了宋代改称冲虚观。

据文献记载,朱明洞位于冲虚观北面约一里处,但黄道周在冲虚观方圆几里范围内,前前后后找了两遍,也没有找到洞口,于是,他沿观前的溪流溯游而上。黄道周读过宋代邹师正的《罗浮山指掌图记》一文。文中说,罗浮山方圆五百里内,除峰峦石洞之外,河流亦多,"溪涧川源有不可胜数者",他想看看这条溪流从何处而来,也许会有所发现。

远方传来几声闷雷,黄道周举目远眺,只见天边乌云翻滚,但自己所站的地方依旧赤日炎炎,草木静寂,闷热无风,马儿也热得扑哧扑哧地打着响鼻。黄道周索性脱掉鞋袜,赤着双脚,牵着马走进溪流中,惬意地享受溪水的清凉,却忽略了水面隐隐出现的一些浮沫。韩二背着行囊不便下水,只得在岸边紧随。突然,溪水流速变大,一股浊水自上游倾泻而下,黄道周猝不及防,连人带马被冲倒在水中,向下游急速漂去。韩二大叫:"落水了,救人啊!"可是此时是正午时分,山中哪里有人?况且水流湍急,一眨眼间,人马都不见了。韩二甩下行李,向下游奔去。约莫一刻钟后,他已气喘吁吁,怎么也跑不动了,忽然看到黄道周就坐在前面岸边的一块石头上，浑身湿透，口中念念有词。他身旁的马儿抖抖身上的水珠，打了个响鼻，长嘶一声，甚是得意。

原来，马是天生会游泳的动物，因为体型较大，落水后身体会自然浮在水面上。这匹马一开始在激流冲击下站立不稳，可顺水漂流一阵子后慢慢恢复平衡，开始用四肢划水，将头露出水面，就不会溺水了。而黄道周紧紧拉着缰绳，趴在马背上，直到下游水流平缓处，才终于上了浅滩，于是人和马都得救了。

韩二寻来的时候，黄道周正在高声诵读《孙子兵法》中的《行军篇》："上雨，水沫至，欲涉者，待其定也。"实际上，有经验的山里人都知道山中常有这种现象：山下晴朗，而半山上大雨忽至，水汇集而下，下游水位暴涨，往往会有意外发生，闽南人称这种现象为"涧冲"。而大水来临之前，总是会飘来一阵浮沫。经此一难，他这才深切领悟到陆游《冬夜读书示子聿》中的名言："纸上得来终觉浅，绝知此事要躬行。"古人诚不我欺也！

由于冷热失调，又受了惊吓，回到韩家后，黄道周不得不卧床休养几日。这次落水，浇灭了黄道周访仙问药的热情，却也使他的名声传遍博罗，甚至有人将他比作王勃——当年王勃写出千古名篇《滕王阁序》不久，渡海溺亡；而黄道周作《罗浮山赋》后，溺水不死。韩二逢人便宣称,客居韩家的福建黄子上知天文、下知地理,而且吉人天相,如有神助,身入湍流而履险如夷。最后他还不忘强调:"这都是我亲眼所见。"这样一传十、十传百,博罗人人皆知:有个福建少年,学识渊博,天赋异禀,关键是未曾婚配。于是,韩家陆续有人上门来了解黄道周的情况,想替女儿求婚,其中不乏达官贵人。黄道周哪里见过这种阵势,只能以"出门在外,年纪尚幼,婚姻大事,不敢擅自做主"为由,加以推托,将精力放在埋头苦读、访问贤者上。

黄道周客居博罗第二年的秋天,韩大夫早早让人送来寒衣,黄道周却想:我该回家了。

第九章
父亲的心结

虽然已经从先前的来信中，得知儿子近期将回家，但是当黄道周出现在眼前时，陈氏还是压抑不住内心的喜悦，将儿子一把抱住。她很快发现，儿子瘦了，黑了，也长高了不少，用闽南话说，"拔骨"了。因为几位邻居大婶也在，黄道周有些害羞，但他同样激动不已，母亲身上熟悉的味道令他倍感亲切——那种夹杂着清洁衣物的皂荚味、灶头的烟火气以及铜山特有的鱼腥味，实在是久违了。

这次回家，黄道周带回一箱东西，里面有韩大夫赠送的书籍，有一些要分赠给左邻右舍的罗浮山特产，如百草油、云雾茶等，还有他在博罗期间写的多篇诗赋。

没想到正是这些诗赋，让黄嘉卿大发雷霆。

儿子久别归来，黄嘉卿当然也高兴，只是身为父亲，为了维护严父形象，他不便将喜悦之情表现得过于明显。但在翻阅诗文、初步了解黄道周一年多来所学情况时，他脸上立马晴转乌云，大声呵斥："雕虫小技，虚度时日，游戏文字，焉能长久！男儿当立志报效家国，怎能一心思慕方外，不问世事？"不等黄道周辩解，他便抓起诗稿，奔向厨房，一把塞进正煮着地瓜粥的灶膛中。

黄道周来不及阻拦，也不想阻拦，只是觉得有些茫然。诗稿在炉灶中燃烧腾起的青烟，母亲对父亲的轻声埋怨，一切好像离他很近，又好像离他很远，连同朱明洞、飞云顶，一点一点消失在他记忆的深处。

火是文明之光，人类自从有了火，就具备了与黑暗抗衡的能力，但是火也可以焚毁一切，包括曾经激扬的岁月。当火光渐渐暗淡的时候，黄道周的心情也莫名地平静了。

这夜，残月如钩。铜山南门湾的银色沙滩上，留下一串长长的脚印。这是黄嘉卿第一次在晚上带黄道周来海边，黄道周稍稍落后父亲半步，两人一路无话。终于，还是黄嘉卿先开口："你知道我十八岁时都做过什么吗？"

黄道周的身躯震了一下，他没想到，平时不苟言笑、总是若有所思的父亲会主动说起他年轻时的事。他凝视着父亲，等着他继续说下去。黄嘉卿看了儿子一眼，抬头望向远方，仿佛看向三十多年前的场景。

黄嘉卿出生的时候，家里很穷，他的大哥很早就去世了，二哥则很小就离家跟随行商做生意。本来黄嘉卿也要走上从商这条路，但是铜山有一位教书的陈先生看他聪明可造，于是让他免费跟着书塾的学童一起启蒙受学，黄嘉卿由此读了不少书，写得一手好字，深明忠孝大义。后来这位陈先生还将女儿许配给他，也就是黄道周的母亲陈氏。

嘉靖初年，东南沿海屡遭倭寇侵扰，铜山守御千户所开始严格施行新的征兵制度，军户人家三丁取一，编训成后备军，随时移调远方驻防。那时黄嘉卿的二哥出门在外，而幼弟尚在襁褓中呱呱而啼，黄嘉卿无论如何都得去应征，但是父亲刚去世不久，母亲身体不好，操持家务、侍候汤药，全仰仗他一人。一听里长宣布完征兵决定，黄嘉卿便抱着母亲失声痛哭，母亲也呼天抢地。负责征兵的有司了解到他们家的情况后决定让黄嘉卿免服兵役，改服徭役，到铜山内海参与制造战船，这样他就可以经常回家看望老母、幼弟。

黄嘉卿对此已经非常知足。他搬木头、刨船桨、钉船板，兢兢业业，只盼早点完成徭役，安心照顾家人，可没想到意外的事情发生了。

这一天，停泊在内港的大船已然成型，风帆已经挂上，第二天就可以"安龙目"（将船眼嵌钉在船头两侧）了，工匠们分散在各处，挑灯赶工。黄嘉卿正在脚手架上给船尾刷最后一遍漆，这时，同组的两个伙计"鲁鳗"和"刺溜"，一前一后笑嘻嘻地向他走来。黄嘉卿不想搭理他们，因为这两个人平时干活挑肥拣瘦、偷工减料，给黄嘉卿的印象很不好，于是黄嘉卿继续自顾自地涂刷。

刺溜说："兄弟，看你干得这么辛苦，有个发大财的机会，要不要一起干？"

黄嘉卿冷冷地说："我可没有发财的命，等这艘船下水，我就回家种地去！"

鲁鳗凑过来，低声说："我们说的就是这艘船，你也不用回家种地，过几天，我们挟持船长，把它开到焦屿去，就可以换来大笔银子。我看你年轻力壮，样样会做，撑船应该也是一把好手，要不要一起干？"

黄嘉卿吓出了一身冷汗，原来事情比他想象的严重多了。焦屿离铜山约三十里，据说是近来倭寇盘踞的地方，这两人明摆着是为了私利，不择手段，卖国叛乡。这可如何是好？犹豫间，他瞥见鲁鳗眼中露出的凶光与外衣下突起的刀柄，脑海中顿时浮现出平时习武的几个常用招式，反而镇定下来。

黄嘉卿笑着说："我不大懂得撑船，不过如果有发财的机会，倒可以试一试，就是不知道你们能让我赚多少钱？"

听到黄嘉卿在探问价钱而不是在考虑要不要干，这两人顿时放松了下来，鲁鳗按着刀柄的手也离开了腰间，大大咧咧地说："钱你不用担心，包你满意！"

说时迟，那时快，黄嘉卿将手中的一桶漆泼向鲁鳗的脸，旋即转身一个右蹬腿把刺溜踹倒，再一拳猛砸他的头部，将他打了个七荤八素，差点跌落脚手架。刺溜半个身子悬空，两只手死死抓着一根横板。这时鲁鳗一手擦脸，一手拔出匕首，不过他的眼睛已经沾满油漆，根本睁不开，只能嗷嗷怪叫，胡乱挥舞。黄嘉卿抄起身边的一根木棍，一记"蜻蜓点水"，啪的一声击落鲁鳗手中的匕首。鲁鳗不知刺溜已经自身难保，大声喊道："快去叫人，灭了这臭小子！"黄嘉卿半是愤怒，半是恐惧，拾起匕首，一下扎入鲁鳗的胸口，鲁鳗一声哀号，扑通坠入水中。黄嘉卿还没来得及喘息，听见船头一阵喧闹，他料定必是二人的同党围拢过来了，于是三十六计，走为上计，飞起一脚，将正挣扎着要攀上架子的刺溜也踹入水中，然后迅速跳上岸，飞奔而去。

几天后，他得知此次事变已被官方平定，这才回到家中。叛乱通倭的几人都已被捕，据他们交代，为首的是鲁鳗、刺溜，但二人一直下落不明，实在是一大隐患。铜山千户所的马千户公开悬赏百金，征求叛卒讯息，黄嘉卿这才现身，向马千户说明情况。马千户立即派人到黄嘉卿所说的水域搜查，果然捞起两具尸体。仵作勘验了两人的死因：鲁鳗被一刀刺中要害而毙命，刺溜头部受伤，因口鼻陷入水底淤泥窒息而死，伤情、凶器及相关痕迹等都与黄嘉卿描述的一样。马千户早就听闻黄嘉卿的孝子之名，如今此案告破，可以上报请功，心中大喜，随即兑现诺言，要以百金奖励黄嘉卿。黄嘉卿神色凛然，大声说道："我曾向先父许诺，生为男子，定当保家卫国，惩恶扬善，因家庭原因，目前无法从军。男子汉大丈夫，不能为国效力，已感惭愧，怎能以诛杀两个叛徒而获取报酬呢？我虽贫，但这赏金却是不能拿的，只求早日结束服役，回去照顾母亲，今后有机会再报效国家。"马千户深受感动，说："黄君实乃当今的季布啊！"当即宣布免除黄嘉卿的徭役，让他安心回家照顾家人。

马千户口中的季布，原为楚地人，曾效力于西楚霸王项羽，数次打败过刘邦的汉军。项羽败亡后，季布被刘邦悬赏缉拿，不得不隐姓埋名，变身为奴。后经朱家、夏侯婴等人的斡旋，终于被刘邦赦免，并拜为郎中。季布为人仗义，好打抱不平，以信守诺言著称，楚国曾流传"得黄金百斤，不如得季布一诺"的谚语，也就是今天我们熟知的成语"一诺千金"的来源。司马迁在《史记·季布列传》中称季布"可谓壮士"。黄嘉卿虽身为役夫，但临危不惧，奋勇杀贼，并能坚守初心，拒收百金，与季布有相通之处，从此他就被称为"黄季布"。经历此事后，黄嘉卿经常阅读兵书，训练族人，有空时就与几个慷慨有气节的同道相约，一起游历闽南沿海各地，勘察地形，谋划抗倭御盗、保卫乡邦的良策。

一晃十数年过去了，明神宗初年，天下还算太平，黄嘉卿感到自己已过而立之年，岁月蹉跎，却一事无成，于是决定弃武从文。有一天，他将书架上陈列的《孙子兵法》《司马法》《玉钤》《六韬》等兵书及自己撰写的《海防总论》搜罗在一起，一把火焚毁，从此除了游学四方、寻访理学名儒之外，专心阅读儒家经典，并且也希望两个儿子能够及早踏上修齐治平之路。

原来今日焚烧诗稿，竟是父亲当年焚书的延续！恍惚间，黄道周有种奇特的感觉：这些年来，他跋涉于乌山、罗浮山的丛林野壑之中，是否也在寻找父亲的足迹？是否也在期盼着这个经常离家的父亲会突然在某处松石间出现？此时此刻，听完父亲之前从未与他说过的这些话，黄道周十分感动。他握紧双拳，挺起胸膛，坚定地说："父亲，我知道自己该做什么。"

黄嘉卿微笑着看了看黄道周，将头转向夜幕下无垠的大海，又陷入了沉默。父子俩继续肩并肩向前走去，似乎这段路永远也走不完……

第十章

受冠成人

这一年,黄道周十六岁,焚稿事件就像一场成年礼,在熊熊火光中,引领他踏上了新的征程。

古人的成年礼为冠礼。《仪礼》首篇即为"士冠礼",载有成年仪式"三加冠"的流程:先加缁布冠(黑布帽子),寓尊古尚朴之意;二加皮弁冠(古代官员上朝时戴的帽子),表示受冠者可以独立参与政治事务;三加爵弁冠(古人在宗庙祭祀时戴的帽子),表示受冠者开始拥有祭祀权。三冠连加,意在激励受冠者修德自立、不断进取。"冠者,礼之始也""敬冠事所以重礼,重礼所以为国本",受冠者在庄严肃穆的仪式中体会成年人的责任与担当,明白成年之后要承担更多的家庭责任与社会责任。

举行冠礼的同时,也要为男子取"表字",即表明德行、使本名意义得以外显的字。在古代,长辈对晚辈、尊者对卑者可以直呼其名,比如在《论语·学而》中,孔子对弟子子贡(姓端木,名赐,字子贡)直呼其名,说:"赐也,始可与言《诗》已矣!"而平辈之间、晚辈对长辈则要以字相称,表示尊敬。因此,有表字也是一个人进入成人交际圈的标志,所以《礼记·冠义》中说:"已冠而字之，成人之道也。"字往往与名相关、相近或相反，也多有崇德言志的用意，如张衡字平子、刘备字玄德等，所以《颜氏家训·风操篇》称"名以正体，字以表德"。

关于行冠礼的年龄，《礼记·曲礼上》中记载："男子二十冠而字。"后来随着男性成熟年龄的逐渐提前，到了宋代，冠礼的年限已有所放宽，据朱子《家礼》所述："男子十五至二十，皆可冠。"闽南地区多遵循朱子《家礼》。时移势变，冠礼的流程也并非一成不变，黄道周的兄长黄道琛成年时，黄嘉卿只为他行"一加冠"之礼。

就在父子海边谈心的第二天早上，黄嘉卿取出一顶黑布小帽，对黄道周说："数年前，我有事到云霄，适逢当地吴亮恭二十岁而成进士，在吴氏家庙中行三加冠礼，观者如堵，是一时少见的盛况。而今铜山礼俗不振，家中亦贫，为父生平不拘小节，故欲与当年你兄长所行冠礼一般，为你一加冠，存其礼意而已。"吴寀，字亮恭，漳浦云霄人，万历二十三年（1595）乙未科进士。让黄嘉卿没想到的是，十年之后，他的儿子会与吴寀同坐一席，谈文论道，把酒言欢。

黄道琛手捧缁布冠，立于西阶，黄道周走到门前，朝南席地而坐，黄嘉卿接过道琛手中的布冠，郑重地为黄道周戴上，系好缨带，说了几句勉励的话："弃尔幼志，顺尔成德；兄弟具在，以成厥德。"不到一刻钟，冠礼即告成。

行冠礼的过程简洁明快，但给黄道周取表字时，黄嘉卿却举棋不定。古人的表字经常不止一个，如苏轼字子瞻，又字和仲；朱熹字元晦，又字仲晦。黄嘉卿早就为黄道周想好了几个表字。一个是"螭若"，据说龙生九子，其中一个叫螭，黄嘉卿是甲辰年出生，属龙，故"螭若"有望子成龙、实现自己未竟之志的意思。另外两个为"幼平"和"细遵"。黄道周是家中最年幼的孩子，黄嘉卿又素来敬仰屈原忠君爱国、九死不悔的精神，而屈原名平，故取字"幼平"。闽南人称小孩子为"细团"，屈原《离骚》云："彼尧舜之耿介兮，既遵道而得路。"故名"道周"，字"细遵"，"遵"与"道"相呼应。就在前一晚，黄嘉卿口中念叨"道周"之名，不禁联想起《道德经》首章"道可道，非常道……玄之又玄，众妙之门"，于是又给黄道周取了另一个表字"幼玄"。

听了这几个表字，黄道周深切感受到父亲的良苦用心。他说："多谢父亲大人，这几个表字都寓意深远，我都很喜欢。我想'细遵'更适合现在的我！"

是啊，"既遵道而得路"，黄道周知道自己将要由虚入实，走上一条考科举、求功名、报效家国之路，同时，这也是一条修己以敬、天下归仁之大道。人的一生，也许总要和父母达成一次妥协，或者形成认同。这条路是父亲在经历人生波折之后期望自己走的，同时也是现在自己应该要开始考虑的路,铜山、漳浦、漳州,甚至闽粤两省,似乎都小了些,自己的天地当不止于此。

从这天起,黄道周开始认真研习科举文章。

明代科举制度由明太祖朱元璋与刘基制定,以《大学》《中庸》《论语》《孟子》及《周易》《尚书》《诗经》《春秋》《礼记》命题试士,以朱子《四书章句集注》、程颐《程氏易传》等为主要参考书,要求代古人立言,体裁有一定的规制格式,采取"八股"的排偶句式,故通称"制义",又称"时文""八比文""制艺"等。明代乡试、会试都要考三场,第一场的八股文是考试的主要内容,因此八股文又称"举业"。

典型的八股文由破题、承题、起讲、入手、起股、中股、后股、束股八部分组成,但所谓"八股"主要是指从起股到束股,每股各有两股排比对偶句,总共八股,这是"八股文"名称的由来。八股文考查经术与文学两方面的素养,内容是经术的,形式却是文学的。八股文作为一种选拔人才的方式能够在明清两代延续数百年之久,绝非偶然,但一种体制积久成弊,流于空洞与形式主义,也在所难免。

对黄道周来说,八股文写作并不困难,他在浏览了当时的科举选文之后,感觉只要稍加努力,就能胜券在握。同时他也产生了一个念头:以后要编选一部文采和品质兼优的时文范本，供广大士子参考。后来在崇祯年间，他编选的《冰天小草》《〈诗〉一房制艺》等因此问世。

黄道周认为自己参加科举、获得功名是迟早的事，就把更多的时间花在研读"五经"上。

五经本是诸子百家共同的学术来源，《庄子·天下篇》中说："《诗》以道志，《书》以道事，《礼》以道行，《乐》以道和，《易》以道阴阳，《春秋》以道名分。"用这句话概括五经大意，颇为得当。后来孔子对五经进行了系统的整理，作为经典教材来教授弟子，并有"不学《诗》，无以言""不学《礼》，无以立""五十以学《易》，可以无大过矣""知我者其惟《春秋》乎！罪我者其惟《春秋》乎"等名言，所以五经与儒家的关系最密切。

而五经中，黄道周对《周易》最感兴趣。《周易》本为占筮之书，在生产力不发达的上古社会，《周易》体现了人类对掌控自身命运的祈望、对未知世界的执着探求。《周易》包含深邃的哲理，而解释《周易》的《易传》，包括《系辞传》（上下）、《彖传》（上下）、《象传》（上下）、《文言传》《说卦传》《序卦传》《杂卦》，共七种十篇（又称"十翼"），更被视为哲学著作，其中蕴含的天道论、对立统一、运动变化等观念，成为中华文化重要的智慧源泉。易道广大，渗透到生活的方方面面，却又是"百姓日用而不知"。

魏晋时期，《周易》与《老子》《庄子》并称"三玄"，成为当时名流谈玄论道时常引用的经典，并逐渐摆脱汉代易学"重象数"而倾向以王弼为代表的"阐义理"的特征。黄道周十分倾慕嵇康、阮籍，所以对《周易》也十分熟悉。值得注意的是，嵇康相信象数与占卜；而阮籍所作的《通易论》，也与王弼等人不同，而更具汉代象数易学的余绪，如将五行、地支与八卦相配，又如重视"卦气"等，这些都对黄道周有一定影响。黄道周又从另一部经典《尚书》中找到灵感，将《周易》象数之学与《尚书·洪范》的"九畴"（五行、五事、八政、五纪、皇极、三德、稽疑、庶征、五福、六极）相结合，在他十八岁这一年，写出了《畴象》一书。《畴象》如今已失传，但存世的黄道周易学名著《易象正》的卷终有"九畴十二变成数图"，黄道周极有可能将早年所作的《畴象》融入其中。

在一个秋虫啾鸣的深夜，黄嘉卿捧读《畴象》，思绪悠长。他知道自己迟早会看不懂儿子写的东西，但没想到这一天会来得如此之快。这孩子，真的长大了。

第十一章

遇见王阳明

黄道周觉得自己既已长大成人，就该自食其力，不能再依赖父母与兄长的辛勤劳动来养活自己。恰好此时，他的母舅，因育才有方而闻名于漳南一带的塾师陈王教，为他提供了一个工作机会，即到顿坑西北、与云霄接壤的平和大溪范厝寨的村塾任教，于是他当即答应前往一试。

古代的私塾先生，依据自身水平高低、有无获得功名等，大体分为蒙师、经师两种，比如陈王教是贡生（秀才出身，经考选升入京师国子监读书），所以他更多时候担任经师，教学生学习四书五经、举业时文，准备参加科举考试；而黄道周尚未参加过县学考试，还没有获得任何功名，因此只能暂时担任蒙师，教蒙童识文断字。

临行前，陈王教对这个自己十分欣赏的外甥语重心长地说："俗语云：'家有三斗粮，不当孩子王。'如今你也要为人师了，虽是权宜之计，但边教边读，以备来年考试，也不失为一时良策，你心中有数，我不必多言。平和有一山一人，非常值得一见：山为大峰，近在咫尺；人叫王守仁，你可择日拜访。"黄道周屈身拱手道："谨遵舅父教诲！"

一个春天的早上，十九岁的黄道周坐在"孔子行教图"下，带领十几个小顽童高声诵读《三字经》时，自己五岁时在铜山社学向先生提问的情景历历在目，如今，自己也成了别人口中的"先生"了。黄道周确实是一个很称职的先生，他并没有因为这次任教契约仅签订了一年而敷衍了事，他要对得起这些天真纯朴的孩子，对得起村民的信任，更要对得起自己的良知。讲到良知，他想起了舅父所说的那个人——王守仁。

王守仁（1472—1529），字伯安，号阳明，浙江余姚人，谥号"文成"，明代心学大儒，一生历经坎坷，以"心即理""知行合一""致良知"为宗立教，守正直谏，屡次平乱，最终成就古人所谓"三不朽"（立德、立言、立功）的伟业。万历十二年（1584），也就是黄道周出生的前一年，王阳明入祀文庙，与朱子等先儒一起成为后人膜拜的对象。他和漳州、平和有何交集呢？他对黄道周又有何影响呢？这还得从正德十二年（1517）发生在闽南、粤东边界的一场战役说起。

正德年间，朝政衰敝，民不聊生，在闽、粤、赣三省交界的深山老林中，先后掀起多股山民暴乱，他们凭借天险地利，割据一方，令烽火经年不息。正德十一年（1516）九月，四十五岁的王阳明被兵部尚书王琼举荐升任为都察院左佥都御史，巡抚南、赣、汀、漳诸州，务求一举平定动乱。次年年初，王阳明采取内外兼治、正奇结合、攻心为上的策略，历时两个多月，终于将盘踞在闽西南与粤东交界山区多年的"山匪"剿灭肃清。王阳明生平第一次用兵，就大获全胜，这为他下一步全面平定赣南等处的暴乱奠定了坚实的基础。

治标之后还需治本，而安民是消除盗贼的根本。漳南战事刚停息，王阳明就根据福建按察司兵备佥事胡琏等人的呈报，两次上书朝廷，建议割南靖县清宁里、新安里，漳浦县二都、三都等处，量地制邑，添设一县，以为本地长治久安之计。最终朝廷于正德十四年（1519）六月正式批准增设福建漳州平和县，县治设在原南靖县的河头大洋陂（后更名为九峰），因河头等乡都属于平河社，所以取县名为"平和"。

实际上，王阳明在戎马倥偬之际深入民间体察民情，得知当地百姓对设置新县十分拥护，因此在朝廷正式批复之前，他已带领南靖知县、漳平知县等地方官员亲临河头乡告祀社土，伐木动工，营建县城，其作风可谓雷厉风行，确实是知行合一的典范。所以平和人把王阳明视为"置县之父"，后世建有阳明祠，如今更建有阳明公园、阳明纪念馆，以纪念阳明先生。

这一日是清明，村塾放假，黄道周决定到九峰一游。大溪到九峰约四十里，沿途多山，特别是大峰山，峰峦秀丽且奇伟险峻,既有擎天的巨石,又有盘旋的深谷,清泉飘瀑,飞珠溅玉,美不胜收。后来黄道周在崇祯五年(1632)作《梁山峰山赋》,对家乡漳浦的梁山与平和的大峰山极尽赞美之词,其中称大峰山的狮子、文殊、玉女、灵通、莺嘴、白塔、积石、天池、龙蹲、鸾举等三十六峰"一一与黄山相似,或有过焉,无不及者"。崇祯六年(1633)秋,徐霞客第三次游历漳州,读到这篇赋,油然生出搜奇览胜的兴致,于是黄道周和他同游大峰山。此是后话,暂且不提。此时黄道周顾不得欣赏山景,心中惦记着阳明先生,于是加快步伐,只半天时间就到了九峰。他一路询问,终于找到平和县学。

王阳明不只是军事家,更是理学家、教育家,在征剿"山匪"过程中,他同步颁发了《兴举社学牌》《颁行社学教条》等告示,要求所属各级官员重视教化、文武并施,他自己也讲学不辍。所以王阳明在规划平和县治时,也充分考虑了兴学教化、移风易俗等事宜,在《再议平和县治疏》中,对学校教官设置、县学生员人数等都有具体建议。他特别指出,儒学生员若有不足,可"于新民之家选取俊秀子弟入学,使其改心易虑,用图自新"。一代大儒的深谋远虑,于此可见一斑。如今僻远如大溪范厝寨,也非常重视村中子弟读书识字,不能不说与王阳明有关。因此,从某个角度来说,黄道周到平和大溪教书,也得益于当年王阳明奏设新县、重视教育；而后来黄道周在学术上注重会通朱王，并作《王文成公碑》《王文成公集序》等文，高度评价王阳明的学问、事功及对漳州特别是平和的贡献，仿佛又是在回馈王阳明。人世间的事物情理、人与人之间的联系，往往就是如此奇妙。

黄道周到九峰时，距平和建县已有八十多年。平和县学因清明放假而大门紧闭，其西南侧即为阳明祠，是嘉靖三十三年（1554），即阳明先生去世二十五年后，由福建按察司佥事梁佐督令平和知县赵进所建，黄道周此时面对的正是"年过半百"的阳明祠。由于前一夜刚下了雨，门前数摊积水颇深，可见地面坑洼不平，两扇大门中有一扇已经损坏，斜靠在墙边，祠内只有一位年过六旬的老人，正在虔诚地焚香祷告。

黄道周等老人将线香插入炉中，转过身来，方才上前询问："敢问老人家尊姓大名？此处不是阳明祠吗？为何如此冷清？"

老人见眼前这个年轻人虽然风尘仆仆但是神气清朗、诚挚可感，于是长叹一声，说："您是外地人吧？此地确实是阳明祠，鄙人姓曾，先祖当年承蒙阳明先生不耻下问，垂询建县事宜，故有幸一睹大儒风采，切身体会阳明先生的勤政爱民、刚毅果决。可惜'君子之泽，五世而斩'，如今虽未及五世，但我们这里的人已渐渐淡忘了先生。倒是对面的城隍庙，香火兴旺，凡夫俗妇，祈福消灾，络绎不绝。我辈心念旧恩，时常来这里瞻仰礼拜，以示不忘阳明先生的功德。"

黄道周深受感动，说："曾老尽心了！不过晚生以为，圣贤的功绩本就是'百姓日用而不知'。物极必反，饮水思源，相信阳明先生的祠堂必有重光之日，让我们拭目以待！"

听了眼前这个年轻人的一番话，老人不由得点头称是。

事实证明，黄道周所言并不只是在安慰老人，更是一种先见之明。三十一年之后的崇祯七年（1634），主政漳州的施邦曜决定重建平和九峰阳明祠，请当时已名满天下的黄道周作碑记，黄道周欣然提笔，写下这样一段话，深情回忆当年与阳明先生的这次相遇：

> 平和一县为文成建置之始。去文成数十年，始为特祠，丽学官……忆余舞象时，尝游邑中，时时出黉西，过瞻旧祠，疑其庭径湫侧，意世有达人，溯源嶓岷，必有起而更事者。距今五十余年，而当道伟识，果为更卜奕起。

"舞象"是古代成童，即十五岁以上少年所学的一种乐舞。古人以"舞象之年"指男子十五至二十岁之间的年华。当时黄道周十九岁,作此序时五十岁,故"五十余年"当是笔误,应为"三十余年"。《尚书·禹贡》中有"岷嶓既艺,沱潜既道"之语,岷、嶓分别指岷江发源地四川岷山、汉水发源地陕西嶓冢山,此处"溯源嶓岷"即强调平和文化源自阳明先生。作此序时,他想起了当年在阳明祠邂逅曾老的情景,不禁在心中默念:"曾老啊曾老,阳明祠已焕然一新,希望您能再去上一炷香。"

第十二章

少年心事与布衣精神

教学之余,黄道周除了拜谒阳明祠、登大峰山,大部分时间都在读书、习作、备考,随着考试时间的逼近,他开始研习策论。

前面说过,科举考试第一场考八股经义,侧重考核儒学主流价值观;第二场考论一道,判五道,诏、诰、表、内科一道,侧重考核实用文体写作能力;第三场考经史时务策五道,侧重考查经世济民能力。一般来说,第二场的"论"与第三场的"策"合称"策论"或"论策"。

"论"指议论,即对某事物提出看法;"策"指对策,即针对某问题提出解决方案。二者有相似性,所以策、论虽然是两场考试和两种体裁,但考生常合并用之,以求达到最佳效果。由于策论的考试题目多针对社会现实而设计,以考查士人的经世之才,所以相比于八股文,策论考试对考生所做答卷的文体格式没有严格的要求,考查的内容兼具时事性、逻辑性与应用性,因此,策论是最能体现考生综合能力的一种考试形式。

总而言之,明代最重要的科举文体是八股文和策论,所以时人有"本之以经义以求其实,参之以论策以观其用"之说，但论历史，策论要比八股文出现得早，可以说贯穿中国古代人才选拔的整个过程。汉代董仲舒于元光元年（前134）答汉武帝诏问而作的《举贤良对策》（亦称《天人三策》）、北宋苏轼参加宋仁宗嘉祐二年（1057）礼部考试时所作的《刑赏忠厚论》等都是策论名篇。而在明代，科举考试的最后一场——殿试，考的就是时务策，漳州史上唯一的状元是明代长泰县的林震（1388—1448，字敦声），他在宣德五年（1430）写的殿试策论文章流传至今。当年殿试的题目是"为政致治之道"，林震第一段是这么写的：

> 臣对：臣闻致治之道，必以教养为先，而教养之道，当以得人为要。盖农桑所以养民，学校所以教民，是二者，衣食之本，风化之源，而君人者不可不以此为先务也。昔孔子之论治道曰："既富矣，而必教之。"孟子之论王政，必以均田制、兴学校而为说者，夫岂无征之空言哉？然非得人，亦无以行之，故又曰："为政在人焉。"

林震认为教养、得人二者为当务之急，提出重农、兴学的主张，又引用孔孟王道之说，立论得当，行文典雅。下面进一步论述体察圣人之心、承流宣化，重点在于"精择吏部之官,公行铨选之法;慎简风宪之任,务尽考察之实",也就是从官员的选拔、监督、考核入手,有理有据,文气贯通,深得明宣宗赏识,林震因此从会试贡士第十五名被拔擢为殿试进士第一名。值得一提的是,当年该科进士一甲头名(状元)为漳州府长泰县林震,第二名(榜眼)为建宁府建安县(今建瓯)龚锜,第三名(探花)为兴化府莆田县林文,福建考生一举囊括前三名,"闽中一科三鼎甲"遂传为佳话。林震自幼家贫而为人孝友好学,砍柴耕地时必随身带着书本,学识渊博,高中状元后不慕荣利,恬淡自如。正统二年(1437),林震称疾告归,以读书自娱,非公事不到州县衙门,曾两次主持广东乡试,公正无私,号称得人,以清操亮节深受世人景仰。

黄道周潜心研习包括林震在内的历代科考名家的策论,除了为应付将来的考试之外,他还有一个惊人的计划:他想将自己写的时务策送达省城,甚至送到京城去,以耸动上听,实现自己"内圣外王"的远大抱负。这就不能不提到两位先贤——隋朝的王通和北宋的程颐对他的影响。而贯穿其中的,正是唐代诗人李贺在《致酒行》中说的"少年心事当挐云"。

王通(584—617),字仲淹,门人私谥"文中子",他的著作名为《中说》。据《文中子世家》记载,隋文帝仁寿三年(603),王通刚二十岁,却慨然而兴大济苍生之志，于是西游长安，求见隋文帝。隋文帝在太极殿召见他，王通上《太平策》十二篇，提出尊王道、推霸略、重儒统、合三教等主张，稽今验古，陈述天下大势，如运于指掌。隋文帝与他相见恨晚，将王通的文章交给诸公卿讨论。但因为当时皇室内斗，朝政混乱，他的文章并没有引起重视，王通心里知道自己难有作为，于是"赋东征之歌而归"，而后讲学于河汾，弟子多达千人，其中不乏后来成为一代贤臣的杜如晦、房玄龄、魏徵等人。

王通在弱冠之年上书帝王，虽因各种原因未能如愿，但成为后世青年士子的楷模。著名的蒙学读物《三字经》将他列为诸子百家中最突出的五子之一："五子者，有荀扬，文中子，及老庄。"所以，此时的黄道周想要模仿王通上书帝王，也是可以理解的。后来黄道周在万历四十六年（1618）的乡试策论文章中将王通列入儒家道统，乃至与孔子并称："若夫广六经之意，发自杼轴，适值其穷，近于仲尼之遭者，其唯王通乎？"崇祯七年至八年（1634—1635）黄道周在榕坛讲学期间，多次谈及王通，认为他所作的《元经》可与《春秋》相提并论。崇祯十二年（1639），黄道周在漳浦北山建十朋轩、九串阁敬祀历代五十六贤，王通赫然在列。这些都可见王通对他的影响之大。

另一个对黄道周影响巨大的少年豪杰是北宋大儒程颐

（1033—1107）。据《伊川先生年谱》记载，宋仁宗皇祐二年（1050），十八岁的程颐学养深厚，胸怀宏大的政治抱负，游历京师，上书朝廷，劝仁宗以王道为心，生灵为念，罢黜世俗之论，同时请求仁宗召见他，以当面陈述所学，却无果而终。黄道周也以程颐为楷模，想要上书君王以行大道。

黄道周上书的结局是可以预知的：十九岁那年秋天，他同时给福建布政司、按察司上时务策，畅谈如何治理闽粤海疆，但都如石沉大海，杳无音信；二十岁那年春天，他纵论天下时事，作洋洋数千言，欲往京城大理寺上书，被有司劝退。即使王通遇到赏识他的帝王，程颐生逢士人地位较高的宋代，二人也皆未能实现各自的志向，王道之难行于此可知，何况黄道周身处日薄西山、内忧外患的明末，且声名未达、才气未著，怎么可能以布衣之士、蓬门之家，以区区文字谈奇功伟业，打动执政者呢？

然而，正是布衣，才更具风骨。布衣，一般指平民百姓。但平民百姓并非没有见识，有时"肉食者鄙"，布衣者反而高明。王通、程颐上书时，皆未有功名，可谓布衣。王通在《东征歌》中说："我思国家兮，远游京畿。忽逢帝王兮，降礼布衣。"他强调的，正是自己的布衣身份。程颐十八岁上书，一直到五十多岁仍未出仕，在元祐元年（1086）才"以布衣被召"，任崇正殿说书，但因为性格耿直，卷入党派纷争，不久就辞职回乡。而在黄道周之前，明初有漳州儒者镇海卫陈真晟（1411—1473，字剩夫），于明英宗天顺三年（1459）效仿程颐上书，进《程朱正学纂要》，宣扬程朱心法，倡"主一"之说（强调慎独、立诚、主敬），尊崇与弘扬儒家道统，此时陈真晟也是一介布衣。他在参加省试时，听说有司防察士子过严，无待士之礼，就放弃考试，返回家乡，自号"漳南布衣"。稍后的龙溪隐士蔡烈（1479—1519），潜心学问，人称"力行好学，老而不倦，漳南又一布衣"。黄道周后来在邺山书院"与善堂"敬祀先圣先贤，其中就有程颐；而他敬祀的乡贤"九先生"中，也有陈真晟、蔡烈。

正是布衣身份，使他们的上书更具有一种风骨与力量，那是"天生我材必有用"的自信，是"位卑未敢忘忧国"的情怀，而贯穿其中的，实际上是中华文化史上源远流长的"布衣精神"。《史记》中记载"孔子布衣，传十余世，学者宗之"；李白称自己是"陇西布衣，流落楚汉"（《与韩荆州书》），却立志"为君谈笑静胡沙"（《永王东巡歌十一首（其二）》），他追求的不是功名富贵，而是"事了拂衣去，深藏身与名"（《侠客行》）；杜甫则称自己"杜陵有布衣，老大意转拙"，却"许身一何愚，窃比稷与契""葵藿倾太阳，物性固难夺"（《自京赴奉先县咏怀五百字》）。在出处（出仕和退隐）进退之间，他们都体现出中国古代知识分子不计名利、一心报国的深沉情感。

这样我们就可以理解，黄道周后来与漳浦卢维祯、龙溪张燮等先达者相处时，都以布衣身份论交而举动自如、毫不怯场；崇祯朝、隆武朝时，他向朝廷推荐人才也非常重视布衣之士，如称"博学多通，吾不如华亭布衣陈继儒""同安布衣蔡鼎者，通诸兵家、象纬、阴阳之说，屡有奇验，非诸术家所及"；被诬入狱时，则称"狱中四十缙绅，不如烃叔（即张燮堂弟张绍科）一老布衣远矣"。

二十岁的黄道周，心怀"少年心事"与"布衣精神"。少年热血，老而不凝，所以他在入仕之后屡次犯颜直谏；布衣精神，历久弥新，所以他在《洗心诗》中说"尘垢辞虞夏，波澜长布衣"。

但是，沉浸于读书与上书之中的黄道周并不知道，一场变故即将降临他们这个布衣之家。

第 十 三 章

远去的故乡

深夜，黄嘉卿一家已入睡。突然，一阵急促的敲门声将他们惊醒。黄嘉卿心中诧异，披衣起来开门，只见两个兵卒装束、挎着腰刀的人站在门前，一个膀大腰圆，另一个短小精悍。小个子手持一张令牌，大声喝道："你是否黄嘉卿本人？今奉令传唤你到所署问讯，不得拖延！"

黄嘉卿心中疑惑，但也不敢怠慢。他安慰焦虑不安的陈氏："身正不怕影子斜，我跟他们走一趟，应该很快就能回来。"闻声而来的街坊指指点点，窃窃私语，不久也都散去，只留下陈氏一人彻夜难眠。

到了铜山所公署，黄嘉卿被拘禁在一间小房子里。他顾不了墙角传来的阵阵恶臭，也不去管蚊虫嘤嗡，开始冷静地思考这场无妄之灾：半夜传唤，可见事情紧急；没使用镣铐，似乎案情尚未明了。那会是什么事呢？他紧锁双眉，心中隐隐不安。

次日，他被提至所署大堂，一个长官模样的人高踞堂上，见了黄嘉卿，大声吼道："黄嘉卿，有人告发你贩卖私盐，还不从实招来！"当听闻首告之人姓名时，黄嘉卿恍然大悟。

原来，黄嘉卿平时热心公益，扶危济困，赢得不少赞誉，但也得罪了一些人。东门黄氏宗族次房有个叫黄奇的，比黄嘉卿小一辈，平日里游手好闲，欺软怕硬，仗着有远房亲戚在镇海卫当差，混了个里长，曾因聚众赌博被黄嘉卿当众斥责。前不久，黄奇看黄氏大宗祠有两间厢房平时闲置着，就想占为己有，改造成寓所，租给几个来铜山做生意的外地人。黄嘉卿听闻此事，立刻前去阻止。黄奇忌恨在心，但因为理亏，不敢与黄嘉卿正面交锋，于是使出阴招，诬告黄嘉卿贩卖私盐，以报私仇。

在中国古代，凡涉及盐、铁、茶、酒等重要生活物资的买卖，都蕴藏着巨大的经济利益，是国家垄断，还是让利于民？是实行专卖制，还是采取征税制？一直是个问题。先秦时期，盐一般只作为土贡上缴一部分给国家；管仲相齐后，兴盐铁之利，实施专卖盐法。西汉桓宽的《盐铁论》，就是针对当时盐铁专营、酒类专卖等重大经济事务的辩论。此后各个朝代，盐基本上都由国家公卖，未获得官府颁发的盐引（宋代以后历代政府发给盐商的食盐运销许可凭证）的个人一概不得贩卖食盐，官府因此获得稳定的财源。如明代财政收入年均白银一千多万两，其中食盐专营收入就达数百万两。但因为供需失衡、利润丰厚等原因，历代皆有私人贩卖私盐之举，虽然官府对贩私盐的人处罚极严，但仍屡禁不止，以致成为严重的社会问题。

朱子知漳，有感于"本州鬻盐，深为民害"，就先关闭十分之一的濒海盐铺，以待经界核实田亩，随地亩纳税一事完成，再整顿其余，可惜最终其功未成即离任。

漳州沿海历来产盐，铜山就有盐场。一些煮盐工会将剩余的盐私下售卖给商贩，所以当地确实存在贩卖私盐的情况。但黄嘉卿从未参与此事，为何会遭此飞来横祸？黄奇称，黄嘉卿在铜山一直是居少离多，行踪不定，有贩卖私盐的嫌疑。真是欲加之罪，何患无辞！可是当黄嘉卿要黄奇提供证据时，他竟反过来要求黄嘉卿一一举证近年来于何时、至何地、做何事，而铜山所署居然支持黄奇的说法，但因一时查无实证，暂未发落，只得将黄嘉卿列入监控名单，要求他定期向里长，也就是黄奇报告行踪。

铜山是待不下去了。因此，当黄道周在大峰山顶临风喟叹、感慨士不遇时，黄嘉卿在铜山毅然做出决定：全家搬离铜山，省得看小人的嘴脸。迁居地点最终选在了顿坑，毕竟，黄道琛在此地教书多年，已有根基，黄道周也曾寄居此地，对这里也比较熟悉，再加上路途不远、民风淳朴，顿坑是可以接受的新址。

令陈氏没想到的是，离乡之日，会有那么多人前来为她送行。她在忙着和各位远亲近邻寒暄时，也留意到了黄道周的发小、与母亲一起来送行的小海螺，小海螺如今已经长大成人，并且蓄了胡须。她感慨地说："小海螺啊，不要怪阿婶啰唆，人生在世，当知书明理，即使成不了圣贤，也要努力多读书，不可虚度时光！"小海螺憨笑着，用力地点点头。

铜山东门一带的女性，和中国绝大多数女性一样，往往把个人情感隐藏起来，只偶尔在土地公庙前，在灶头烟雾中，或在深夜的被窝里，偷偷流泪。但这一次，她们敬爱的陈大姐，这个教她们认得不少常见字，教她们剪出好看的窗花的陈大姐，要搬走了，以后见面可就难了，她们舍不得啊！有的哭成了泪人儿，有的只顾往陈氏的行囊里塞鸡蛋、紫菜等一切可以塞进去的东西，最后依依不舍地送至数里之外！

相比陈氏，黄嘉卿看上去没那么多牵挂。临行前，他只是回头看了一眼挂上大锁的故宅，便转身离去。他没料到的是，此次离别竟是永别。

这一年，黄道周二十二岁。

侨居顿坑的日子，也不能说不好，毕竟一家人又团聚在一起，这是最重要的。如孟子所言，"父母俱在，兄弟无故"，乃人生三乐之一。黄道周从大溪归来，兄弟二人教书读书之余，在顿坑村民拨给他们的一亩三分地上耕种劳作，以贴补家用。黄道琛干起农活十分娴熟，犁田、插秧、打谷、种菜，样样皆通，不输老农；而黄道周自嘲"四体不勤，五谷不分"，因为平时多读书、少农作，干起活儿来确实缺乏"架势"。有一次黄道周锄了一天地,十指竟磨出了血,但他能吃苦,咬咬牙忍过去了。在躬耕南亩中,他亲身体验了陶渊明笔下"晨兴理荒秽,带月荷锄归"充满诗意和辛酸的生活,也真正读懂了这位田园诗人。在他后来引为同道的"五十六贤"里,陶渊明位列其中。

闲暇时间,兄弟俩多用功研习《周易》,切磋琢磨,常有所得。一日,两人早出,坐在松林边一块巨石上读《周易》,忽然感觉山林深处掀起一阵腥风,隐约伴有猛兽的低吼声,几只野兔从林中蹿出,蹲在石头下面瑟瑟发抖,二人同时想起《乾》卦《文言传》中所说的"云从龙,风从虎",不禁惊慌失色。早就听说乌山一带有虎,不承想竟会在这里遇上!黄道琛屏住呼吸,缓缓地说:"无妨,听说早晨的老虎一般已经吃饱,不会伤人,我们不要轻举妄动就是。"黄道周说:"大哥,除《文言传》之外,《周易》中还有几处提到老虎,您可记得?"于是兄弟俩相继高声诵读《履》卦的卦辞"履虎尾,不咥人,亨",《颐》卦的六四爻辞"虎视眈眈,其欲逐逐,无咎",以及《革》卦的九五爻辞"大人虎变,未占有孚"……不知不觉中,红日高照,山林寂寂,虎迹风声,悄然消失,连先前躲在巨石下的几只兔子也不见了踪影,兄弟二人拊掌而笑。

平日里黄道琛、黄道周两兄弟在田间劳作,陈氏在家中纺纱织布,而黄嘉卿则偶尔给兄弟俩帮忙,但更多时候是在顿坑一带跋山涉水，寻幽访胜，聊寄闲愁。陈氏知道他内心依然不好受，也不多说，只盼他早日顺天知命。自从得知附近有老虎出没，陈氏就劝他不要走得太远。看到两个儿子最近在研读《周易》，黄嘉卿就从《周易》中给自己取了个别号。《乾》卦的《文言传》中有"遁世无闷，不见是而无闷"之语，意思是逃避世俗，心无烦闷；不被世俗认可，仍不觉得烦闷，颇合他此时的心境。《周易》又有《遁》卦，下艮上乾，天高山远，有退避之象，其中九五爻辞说"嘉遁，贞吉"，仿佛也是为黄嘉卿而发。"诚如左思《咏史》诗所言：'世胄蹑高位，英俊沉下僚'，我也不叫什么'黄季布'了，朱子晚年自号'遁翁'，那我就叫'遁耕'吧！"黄嘉卿喃喃自语道。

"黄季布"三个字，承载着多少难忘的往事！而故乡，就是你真正离开后才开始思念的地方。人，又何尝不是这样？所以，要好好珍惜身边的人。对于妻子，黄嘉卿总怀有一种难言的内疚与敬意。当年，他离开铜山到外地漫游，差点误了婚期；成亲后，陈氏孝敬婆婆，操持家务，无怨无悔。她怜贫惜弱，为人仁义，家中红白诸事都处置得当，以致将自身陪嫁的妆奁变卖殆尽，虽是女子，却颇有豪气。有一次，一个乡人有感于黄嘉卿仗义相助，牵了一只羊送到黄家表示感谢，陈氏屡辞不成，只得暂时收下，到了晚上，她又悄悄地将羊送回，系在他家门口。黄嘉卿听说此事，大喜道："知我心者，卿也！"可是这样贤惠的妻子，自己却不能给她安逸舒适的生活，反而让她跟着自己吃苦受难、担惊受怕，如今年过花甲还要背井离乡，实在惭愧。小儿道周最近又执着于上书当道，看似忽略了科举时文的练习，不知何时才能出头，为黄家争一口气？岳父称他将是黄家的荣光，自己对他的要求是不是过于严苛……

黄嘉卿心情极度矛盾复杂，忧思成疾，加上年底受了风寒，在第二年正月生了一场病。也许是穷乡僻壤的乡医医术有限，也许是人生大限已至，虽然家人衣不解带地精心照料，黄嘉卿还是一病不起。四月的一个午后，他环顾守候在身边的家人，留下几句遗言："我死后不必葬回故乡，但道琛要返回铜山守护故宅、家庙，继承祖业；道周携母迁居漳浦，日后必有光耀门庭之时。希望你们兄弟同心，患难与共，忠孝传家，照顾好你们的母亲，我就没有遗憾了！"

陈氏握着黄嘉卿的手，心随之渐渐冰冷，兄弟二人放声大哭，声震屋宇。窗外，林鸟哀鸣，仿佛也在为他们伤心。

黄道周知道，自己从此失去了父亲。他多想父亲还在身旁，就算责备他，或者一言不发地看着他也好。那样的日子，永远不会再有了。

第十四章

哀续《离骚》动浦中

沉浸在悲痛之中的黄道周兄弟马上要面临一个严峻的问题，那就是如何安排好亡父的殡葬事宜，让逝者安息。

子曰："生，事之以礼；死，葬之以礼，祭之以礼。"在中国，养生、送死都是大事，特别是丧葬祭仪，是礼的重要组成部分。《说文解字》中解释"殡"字："殡，死在棺，宾遇之。"殡者，宾也，死者入殓后，须以宾客之礼待之。殡殓之后，要安排葬礼。《礼记·檀弓上》中说："葬者，藏也。"由其字形可知，"葬"是将死者深藏于草莽之中。《礼记·王制》中记载："天子七日而殡，七月而葬；诸侯五日而殡，五月而葬；大夫、士、庶人三日而殡，三月而葬。"后世大体依此而行。

黄家是庶人之家，如今黄嘉卿逝世，三日后就要入殓，但之前家人从未料到，也不忍心去想他竟然会一病不起，所以并未有所预备。突然遭遇不幸，诸事忙乱，家中又贫寒，单是一具棺木就要费不少银两，一家人一时不知如何是好。陈氏首先冷静下来，安排长子道琛在顿坑守灵，又让道周简单整理一下行装，赶回铜山，给至亲好友报丧。

当时闽南民间遵循朱子《家礼》,《家礼》中关于"丧礼"有这样的记载:亲人过世之后,一般请亲友中知礼干练的人担任"护丧""司书"等职,作书以"讣告于亲戚僚友";若没有这个条件,主人家就必须自己去通知亲戚。

于是黄道周身穿孝服,满怀悲痛,奔赴铜山遍告亲友。听到黄嘉卿逝世的噩耗,众人都叹息不已,为他伤心落泪,也都各献赙礼,聊寄哀思。

献赙礼,即赠送钱物以助丧事,既表达对死者的哀悼之情,也是一种民间互助形式。黄道周带上亲朋好友赠送的赙礼,连夜赶回顿坑,没有船只,就走山路,因为连日奔波操劳,加上心情悲伤、精神恍惚,快到家中时,他猛然发现系在腰间的那包赙礼不见了!

这可如何是好?黄道周大惊失色,立刻转身按原路返回寻找,脑海中不时浮现出父亲苍白的脸、母亲微驼的背……他无法想象如果找不到这包赙礼的话,会有什么样的后果。人在绝望的时候是哭不出来的,他瞪大眼睛四处寻找,一路山风呼啸,日色无光。人生的不幸,也许莫过于此了。

也不知往回走了多远,在一座山的拐角处,黄道周远远看到一个人倚着锄头,迎风伫立,好像在等人。他的心怦怦直跳,飞奔过去。这是一位老人,慈眉善目,手中捧的正是他丢失的包裹!他喜极而泣,一屁股跌坐在地,放声大哭。

原来，老人一大早出门去收拾自家种在山坳的荔枝、龙眼等果树，回来时看到路上有一个布包，他走近拾起，打开一看，里面竟装着一些碎银散钱，于是就站在原地等待失主。他说："我想遗失包裹的人一定很着急，远远看到你穿着白衣裳跑过来，我真是长舒了一口气，总算没有白等，如今物归原主，我也该回去喽！"

黄道周从路边挪来一块大石头，恭恭敬敬地请老人坐下，然后"咚咚咚"地给老人连磕了三个响头，说："您的大恩大德，晚辈今生难忘，日后一定报答！"

老人说："年轻人不必多礼。人同此心，心同此理，孝顺之人，老天爷看着呢！"

接下来的事还算顺利，邻居们也竭尽所能地帮忙，黄嘉卿终于得以安然入殓停柩，等待合适的日子安葬。

就在黄道周守孝期间，里长带着两个人来到他家，说是漳浦县衙的差役有事要找他。来者礼节恭谨，称黄道周此次考试成绩优异，县令请他去县城一见。

原来，此前二月是漳浦县试的时间，黄道周被当时已经卧床不起的父亲硬逼着去参加考试："这么多年读书是为了什么？你不去应试，即为不孝！"于是黄道周不得已到县城参加考试，在最后一场考完的当天就连夜赶回顿坑。四月，父亲逝世，他更无心打听考试结果。如今漳浦县衙来人，立等回复，但亡父尚未下葬，黄道周哪里有心情出门呢？

陈氏思忖了一会儿，对黄道周说："你还是跟他们走一趟吧。县令大人慧眼识才，你虽丧服在身，但也应当前往，亲耳聆听长者的教诲，告慰你父亲在天之灵。这里有你大哥在，尽管放心。"母命不可违，黄道周只好随来人启程。

漳浦县令黄应举永远忘不了初次见到黄道周的情景：一个二十来岁的年轻人，白衣白冠，急趋而至，脸色憔悴，神情枯槁，有如屈原披发行吟，却难掩一股沉潜不拔之气。而这个年轻人见到自己，就拱手长揖，大声说："我黄道周命运坎坷，如今子欲养而父不在，不能事亲，又怎能有幸侍奉长者？今日一见大人，得偿所愿，请允许我回去守护父亲灵柩吧！"

黄应举此前审读过黄道周的应试文章，尤其是策论，慷慨激昂又有沉郁顿挫之气，令他不禁击节赞赏。他一直以为文如其人，黄道周或许长得魁梧雄伟，不然，就如不得志之时的贾谊、公孙弘等人一般，却没想到竟是这样一个年轻人。他说："黄君事迹，本官略有所知。本次县试，你的文章无人能出其右，我本来打算让你名列第一，录为本县案首，但因你有孝在身，依国朝礼制，不能入学。不过，来日方长，你金榜题名当不在话下，成为国之栋梁也指日可待,你要多努力!"

黄道周很是感动,说:"多谢大人褒扬,晚生定当尽力为之。"

黄应举忍不住又问:"你的文才我早有耳闻,你在考场所作时文、策论及试帖诗,不足以看到你文章风格的全貌,请问是否还有其他作品,能否容我拜读一番?"

见县令如此礼贤下士,黄道周虽略有顾忌,但还是打开了背囊,在随身携带的书卷中,取出最近新作的《续离骚》,双手递给黄应举。

黄应举刚读到《续离骚》中的《自序》,就不禁泪湿青衫:

> 道周少负节,不合于俗,十年于世,动见弃摈。穷不能治蔬絮,以忧其亲,每负米数千里外,必为风雨疾病所摧折。乡里之人至目为放浪之士,益轻其亲,罗网缯弋,几于上下。既处浊世,僻远海外,不足有明,于是其父悲郁侘傺,负奇以死。道周时年二十有三,不能自具殡敛,又窜于荒崖穷谷之间,无戚属知故之助,嗟哉已矣!……

在这篇序中,黄道周深责自己不能有所作为、替家人分忧,以至于父亲被族人歧视,乃至遭遇中伤诬陷,最终迁居避世，郁郁而终，自己又无力操办丧事，丢失赙礼，悲从中来，不可遏止，故用长于写怨的"骚体"来抒发悲愤愧疚之情：

> 羌黔雷之弃厥孽须兮，置罔餐而不字。肆余祖于彼霄兮，燉瑟嶙谲而不吾睨……暨始龙梦彼乾精兮，嵌镠镏其若铠；趡峬崒而敪酣兮，旋盘礴于腑内……

屈原信而见疑，忠而被谤，于是忧愁幽思而作《离骚》，以楚语、楚声而歌楚事、楚物，称为"楚辞"，形成与《诗经》双峰并峙的中国诗歌两大源头，而屈原也成为后世忠君爱国的典范。黄道周有感于屈原投江殉国的悲剧，续作《离骚》，极力抒写父亲去世后伤心欲绝的心境，同时也表达了父亲望子成龙、赍志而没，而自己却怀才不遇的悲愤心情。

黄应举是广东南海人，字宏选，号青霞，万历三十二年（1604）进士，万历三十五年（1607）任漳浦县令。他也是幼年不幸，父母早逝，所以读到黄道周这篇序时，心有戚戚焉，泫然而泣。此后他协助将黄道周《续离骚》二卷（亦称《离疚》上下篇）刊行，并为之作序，可谓是黄道周最早的知音、伯乐之一。

后来，黄道周将屈原列入其偶像群体"五十六贤"的

"九串阁"诸贤之首，并模仿屈原创作数十篇骚体诗，如《九戾》《九绎》是模仿屈原的《九章》，《九诉》是模仿屈原的《九歌》；屈原有《天问》《招魂》《大招》，他有《续天问》《续招魂》《刘招》，等等。黄道周以身殉国前，还创作了带有总结性质的《謇骚》。由此可知，黄道周一生对屈原骚体诗的仿写、续写是有意识的，其规模、格制在辞赋史上非常罕见，其作品融合了自身的家国之痛，可称为屈子千古之同调。

黄应举气度不凡，为政廉明，善于识人，被漳浦百姓称为"神君"。黄道周的文章自从经过黄应举的鉴评，黄道周的雅号"黄文学"之名便传遍漳浦，漳浦的文士都争着要认识他，其中不乏名公巨卿、士林领袖，如退休在家的前户部侍郎卢维祯、云南布政使薛士彦、深州（今河北衡水深州）知州林茂桂等人。

卢维祯（1542—1610），字司典，历任太常博士、吏部主事、大理寺卿、户部侍郎等职，为官正直敢言，因得罪当道，上疏致仕，归居漳浦，与黄应举相友善。黄应举离任时，卢维祯为其作《〈黄青霞父母德政录〉后序》，盛赞其为"纯吏"，二人相知颇深，所以卢维祯也是最早认识黄道周的学者之一。卢维祯后来也为黄道周的《续离骚》写了一篇序文，其中说道：

屈子以为君，黄子以为父，其所维系者大矣！兹续也，宁独以其词乎哉！

卢维祯认为《离骚》确实不易续写，但黄道周所作的续文并不是因为写得像《离骚》而值得称道，而是因为他抒写的忠孝至情是政治教化的根本，所以说"维系者大"，他相信黄道周以后一定会以杰出的成就使他父亲的声名得以显耀，真是有远见。他还热情邀请黄道周来漳浦时，一定要住在他家里。卢维祯比黄道周年长四十三岁，且曾为朝廷大员，竟如此看重一个二十出头的年轻布衣，实属难得。

薛士彦（1545—1625），字道誉，曾督学秦、楚，历任广西右布政使、云南左布政使等职，其学来源于阳明后学、泰州学派的罗汝芳，致仕回漳浦后，在梁山山脚下建"共学堂"，讲学育人。黄道周曾游学至薛士彦门下，切身体会书院讲学论道的盛况，并进一步了解阳明学的发展变化。

林茂桂，字德芬，万历十四年（1586）进士，中会试第四名，善诗文，任深州知州时，一心为民，得罪权贵，遭中伤罢归，安贫乐道，与张燮、王志远、郑怀魁等人结玄云诗社。后来正是林茂桂携黄道周到漳州，将他引荐给玄云诗社的名士，使黄道周的名声由漳浦传至漳州，开启了他人生的另一个新阶段。特别是在漳州,黄道周结识了张燮这个一生的挚友。

此时,二十三岁的黄道周,处在丧父之痛与知遇之恩、生活拮据与前途无量的回旋中,他能静下心来读书求仕、完成父亲的遗愿吗?

第十五章

结缘张燮

在黄道周生活的时代，漳州一度是全国瞩目的地方，因为这里有个月港。

月港，位于漳州九龙江出海口，江面开阔，内接山涧，外通海潮，因其港道形如半月，故称月港。月港水陆交通便利，经济腹地广阔，可自福建辐射至赣、粤、浙、湘，乃至江淮等地。

自郑和下西洋之后，明朝逐渐实行海禁政策，由此带来不少弊端。嘉靖年间，倭患、海盗猖獗，即与此有关。隆庆元年（1567），明朝政府在月港开设"洋市"，"准贩东西洋"，月港成为明代中后期唯一合法的民间海外贸易港口，海澄县因此而兴起。到万历年间，月港贸易盛况空前，每年进出港口的大海船达两百多艘，来往于今天的菲律宾、印度尼西亚、朝鲜、日本等地，输出的商品有丝绸、陶瓷、纸张、茶叶、铜铁器、砂糖等，输入的商品有胡椒、香料、象牙、西洋布、槟榔、樟脂等，共计上百种之多。西班牙商人的"马尼拉大帆船"又把从月港运来的商品运往美洲墨西哥阿卡普尔科港。漳州就以这样的方式参与了当时的世界海洋贸易体系，并如张燮在《清漳风俗考》里说的,"忽而声名文物,为东南一大都会"。

商品的流通、经济的发展带动了文化的繁荣,漳州社学、书院及文人结社大量涌现,参加科举考试及中举、为官的漳州人也随之增多,而海外贸易的发达、异域文化的输入又使漳州人的眼界变得开阔,诞生了张燮的《东西洋考》、吴朴的《渡海方程》等海外交通史名著。

张燮生于万历元年(1573),刚好比黄道周大十二岁,字绍和,号汰沃,别号海滨逸史,龙溪锦江(今龙海市石码镇)人,后迁居漳州郡城。张燮家学渊源深厚,父亲张廷榜、伯父张廷栋都是进士出身,他十岁通五经,兼览史籍、百家之书,二十二岁中举人,二十七岁结成霞中诗社,与蒋孟育、郑怀魁、高克正、吴宷等人诗酒酬唱。不管是"霞中十三子",还是"玄云七子",张燮都名列其中,而且年龄最小。因此,张燮在三十六岁结识黄道周时,虽然《东西洋考》《七十二家集》等名作还未成书,但已经是漳州文化界的名人了。而就是这样的人,也非常钦佩黄道周的才学。

万历三十六年(1608)初夏四月的一天,漳州郡城芝山下的张氏霏云居中,清风拂槛,日透轩窗,高朋满座,言笑晏晏,黄道周第一次见到了众多仰慕已久的漳州名人:以文采风流为时人所重,曾任宜兴县令的平和县人陈翼飞;以善作古今文著称于世,任南京吏部侍郎的龙溪人蒋孟育;任西川按察使的长泰人戴燝,他号称"腹满书籍",工于吟咏，眉山三苏祠"一门父子三词客，千古文章四大家"就是他的手笔；任翰林院检讨的海澄人高克正，是漳浦高东溪的后裔，为文博雅，有大家风范，他自书书斋楹联"桑梓之地，何意气可以加人；名节所关，即锱铢犹若浼己"，成一时名言。当然，还有霏云居主人张廷榜、张燮父子等人。

林茂桂是这么介绍黄道周的："黄君幼玄，七岁读父书，过目成诵；十岁作古文词，如有神授；十四岁作赋，声动博罗；最近作《续离骚》，名震漳浦。律吕、《易》象乃至经史百家之学，无不深入研究，而且为人孝友忠信，县试第一，因有孝在身未入县学，如此人才，诸位博闻多识，可曾见过？"

在众人的啧啧称叹中，黄道周都不好意思了，连声辞谢："德芬先生谬赞了，后生晚学，德薄才疏，闭门造车，牖中窥日，还望各位前辈多多指教！"

文人雅集，大家无所不谈，黄道周作为主宾，毫无怯意，所发议论，令人耳目一新。他回答蒋孟育所问《周易》的《大畜》卦时，侃侃而谈，出入玄理，于是张燮赠给他一个新的字"参玄"。在这种宴会上，诗文歌赋也是必不可少的，大家畅谈之余，又拈取诗韵，得《平水韵》的"微"部，每个人都写了一首诗，众人品酒论诗，不觉日影西移。黄道周尚在守孝期间，不能饮酒，但是感受到这里学问气氛浓烈，陶然忘归。目前保留下来的张燮的诗，可以说是对当日聚会情形的一个总结：

> 千秋吾道未全非，有美初过逸兴飞。
> 共信长鸣收骥枥，何知至骭尚牛衣。
> 轻风促席低黄鸟，落日移樽傍翠微。
> 就此往还无不可，主人原与世情违。

"有美初过逸兴飞"，说的是黄道周第一次参加这类雅集，就令众人倾倒，愿意和他长期交往，这里张燮用了《诗经·郑风·野有蔓草》中的典故："野有蔓草，零露漙兮。有美一人，清扬婉兮。邂逅相遇，适我愿兮。"他们都坚信黄道周一定会有一鸣惊人的一天。自古文人相轻，但当时这些名流俊彦却爱才若渴、惺惺相惜，确是漳州的一大盛事，而黄道周可谓一举成名。

从此黄道周每次到漳州，都住在霏云居，这里既有图书满室，又有主人张燮这个知己。张燮的父亲张廷榜为官清正，不屑逢迎上司，罢归回到漳州，有很多士子向他请教学问。张燮的堂弟张绍科比黄道周年长十岁，非常敬佩黄道周的学问，多年以后，黄道周在邺山书院讲学，张绍科竟以古稀之年对黄道周行弟子礼，成为一段佳话。张燮自称"琅函万轴，著述满家"，说他家中藏书万卷，著作等身，这不是夸大之词，要知道在明末，龙溪张燮可是与侯官曹学佺、晋江何乔远并称"闽中著书三大家"。后来黄道周在向崇祯皇帝推荐人才的《三罪四耻七不如疏》中说:"雅尚高致,博学多通,足备顾问,则臣不如华亭布衣陈继儒、龙溪举人张燮。"

"雅尚高致"数语,并非过誉。张燮身材短小,却英气内敛,识见不凡,当时他正在谋划编纂的《七十二家集》,是一个具有重大学术价值又旷日持久、耗资巨大的工程,其中就有《增订阮步兵集》《重纂嵇中散集》。张燮评论道:"阮公旷,嵇公隽;阮公颓然自放,欲浊其身;嵇公轩然直上,期迈于往。"黄道周深为叹服,认为他是嵇康、阮籍千百年后的知音,并发愿:"今后如果有机会,一定参与这一盛举,协助绍和刊刻完成这套丛书。"

不管是住在漳浦卢维祯府中,还是漳州霏云居,也不管主人如何深情厚意、诚挚相待,黄道周认为毕竟是寄人篱下。但父亲要自己移居漳浦、接近更多贤者的遗命,是经过深谋远虑的,也是自己必须去执行的。于是到了次年五月,三年(实则头尾二十七个月)守孝期满,黄道琛即携妻儿返回铜山故里,黄道周则择日携母从顿坑启程,正式移居漳浦东郊。他在《徙泽记》中感叹说:"计吾生世,稍有知识,未二十载,三移其居焉。"但他不知道的是,此次移居之处后来成为他讲学的明诚书院,即今天的黄道周纪念馆。

陈氏环视虽然简单但设施基本齐备的东郊草堂,微笑着对黄道周说:"现在有了新家,好像还缺个'新人'。道周,你还记得以前曾问我'男女为什么要结婚'这个事吗?"

黄道周不禁失笑。当年在博罗,有好几家人要和他提亲,他不知所措,写信问母亲:"男女匹配是为何故?"如今一晃十年过去了,父丧已毕,自己也已经二十五岁,到了不得不谈婚论嫁的时候了。

在古代,男子行冠礼之后,就可以娶妻,举行婚礼。婚礼是人生大事,《礼记·昏义》中说:"昏礼者,将合二姓之好,上以事宗庙,而下以继后世也。故君子重之……故曰:昏礼者,礼之本也。"中华文化之所以能"生生不息",与婚礼关系密切。但是,他们一家离开铜山已有多年,在顿坑只是过渡,现在又刚到漳浦,人生地不熟,黄家的"新人"何处去寻呢?

长者林茂桂一直关心黄道周,把他视为忘年交,对他既赞赏提携,又鼓励鞭策。漳州一行,他除了到张燮家中参加名士宴集,还带黄道周游览芝山上始建于唐朝的开元寺。多年以后,黄道周在邺山书院讲学时,面对座中众多年轻的面孔,提起这段经历,仍是悠然神往:"我二十多岁时,与丹台林公一同到郡中寺庙,见大雄宝殿中佛像广受信众膜拜,林公问我:'你知道他们拜的是谁吗?'我说:'应该是大聪明、大智慧之人吧。'我以为我的回答算是不错了,没想到林公的回答令我动容,他说:'这些都是经历了无数劫难的劳心苦行之人,具有舍己利人的精神。吾辈硬挺脊梁，钻坚仰高，今后也可受人拜谒。'这话让我醍醐灌顶，受用终身，但我不求受人拜谒，只愿挺直脊梁，做一个堂堂正正的人。所以后生求学问道，岂可不亲近前辈？"

弟子们肃然称是。当然，黄道周不知道的是，两百年后自己也因文章气节入祀孔庙，成为后人膜拜的对象。

其实，林茂桂本身也是一个"劳心苦行"的人，他生于漳浦陆鳌海边，自幼家贫，白天挖牡蛎，晚上苦读书，考上举人后，还亲自淘井，差点被土方湮没。林茂桂与另一个自己上房收拾瓦片的太常寺卿王应显齐名，所以当时漳浦有谚语这样说："太常捻瓦，孝廉淘井，两条冰身，金寒水冷。"林茂桂官至深州知州，但退休后在漳浦县城的住所还是租借的。黄道周后来在《林深州传》中深情地称其"卓哉我公，为我矜式"，将他作为自己的榜样。

因此，这样的林茂桂要是关心起黄道周的终身大事，可想而知，他首先考虑的不是家世，而是人品。他给黄道周介绍的结婚对象是自己的一个宗亲的女儿，家境平常，但朴实贤淑，十分孝敬父母。陈氏欣然同意，黄道周也没意见，于是黄家按朱子《家礼》，行纳采、纳币、亲迎等礼仪，择日成亲。婚后，林氏孝顺婆婆，夫妻相敬如宾，一家非常和睦。

成婚后的黄道周，接下来要做的事是在各位贤达的支持、勉励下，顺利通过考试，取得功名，在"学"与"仕"的徘徊中，找到一条属于自己的路。

第十六章

一波三折的科举之路

两年后，也就是万历三十九年（1611），二十七岁的黄道周第二次参加县试，再次名列第一；随即他又去漳州参加府试，还是名列第一。而他这时还只是"童生"。

明代的县试、府试，是可以获得正式出身的科举考试（院试、乡试、会试及殿试）之前的预备性考试，两次考试都入围的，才有资格参加院试，考取生员资格（俗称"秀才"）。因此，在还没成为秀才之前，考生即使通过了县试、府试，也都称为"童生"。县试、府试、院试这三项考试统称为"童试"，也称"小考"（相对于乡试"大比"而言）。其中，院试最为关键。

明代各省都设提学官，由按察司副使或佥事担任，分管学校、考试相关事宜，身兼官、师双重职能。院试就是由提学官主持的考试，因其办公衙门称"学院"而得名。院试在提学官巡视该省所属各州府时举行，三年两试，分岁考和科考两级。岁考即童生"入学"考试，录取后即为秀才，可入府学、县学就读；科考则是对已入官学学籍的秀才进行考试，成绩优秀的考生才可以参加乡试。这样层层选拔，淘汰率很高，所以白发苍苍仍是童生的大有人在。

次年六月，福建提学官冯烶主持漳州院试。阅卷时，他被一篇《一岁寒暑之候论》的文章吸引了，卷面书法秀丽，蕴含遒劲之气，内容精深，旁征博引，论述严密，富有新意，如果不是熟知天文地理的博学之士一定写不出来这样的文章。冯烶当即拍板，直接将这篇文章的作者录取为秀才。揭榜时，大家才知道此文是黄道周所作。

其实，这篇文章的灵感源于两年前一个春日初升的上午，黄道周与"玄云七子"之一的郑怀魁的一场对话。

郑怀魁（1563—1612），字辂思，号心葵，龙溪人，读书过目成诵，九岁就能写文章，以博奥著称，尤其擅长骈体文，有人将他和他弟弟郑爵魁比作苏轼、苏辙兄弟。郑怀魁进士出身，历任户部郎、括州（今浙江丽水）知州、浙江观察副使，为官忠于职守、不惧权贵，致力于兴教恤民，在浙江观察副使任上仅一年，就被流言蜚语中伤，拂衣归乡。

黄道周初到郑怀魁的居处——葵圃，只见满园葵花迎日盛开，园中一处空地上堆筑起三尺平台，上面安放着一具青石制成的日晷。郑怀魁手持一把铜尺，正在日晷上比画着，郑爵魁则在一旁做记录。

看黄道周也饶有兴致地观察日晷，郑怀魁微笑着说："黄君对此也有研究？"

黄道周谦虚地说:"晚辈只是读过《史记·天官书》《汉书·天文志》等几种史志,略知皮毛而已。"

郑怀魁说:"那我请教你几个问题,北极星什么时候位于头顶中天?圭表的倒影什么时候处于南方?日出和日落什么时候不是在卯时和酉时?"

黄道周目瞪口呆,人生第一次感到手足无措。

郑怀魁哈哈大笑,换了个话题,和他谈起《史记》《汉书》中人物列传的写法优劣,这才缓解了黄道周的尴尬。

其实,郑怀魁问的问题是基于当时从西方传入的地圆学说,与中国传统主流的地平说、"天圆地方"观有所不同,只要有南北半球的概念,并不难解释。临别前,郑怀魁送了几册当时辗转翻译成汉语的西洋历书给黄道周,并意味深长地说:"黄君文质彬彬,博学笃志,我中华文化源远流长,如果能思接四海,兼容并蓄,来日成就必不可限量。"黄道周心怀感激,长揖而别。

这次经历,让黄道周对《周易·贲卦·象传》中"观乎天文以察时变,观乎人文以化成天下"这句话有了更深的感悟。他从此痛下苦功,学习古今中外天文、历法、数学知识,每逢天气晴朗的夜晚,就搬一张竹凳坐在院中仰观天象,布筹运算,终于有一天豁然开朗,顿悟南北中分、阴阳赢缩的道理,并将它与《易》学研究相结合,独成一家。

通过院试，黄道周只是牛刀小试。明代乡试，每三年一考，逢子、卯、午、酉年举行，这一年正是壬子岁，是大比之年。正当大家都认为黄道周本次乡试必然高中的时候，命运却和他开了一个玩笑：在两个月后的福州乡试中，他落第了。

在科举时代，决定考试成败的因素是复杂多样的，试卷命题的内容、考生的临场状态、阅卷官与主考官的个人喜好等都会左右考试结果。在张燮等师友的鼓励下，黄道周并不气馁。万历四十二年（1614），三十岁的黄道周在院试科考中取得第五名，再次获得参加次年乡试的资格。

都说"三十而立"，这次乡试应该能顺利通过吧？这次乡试，黄道周从容作答，在三场考试中皆如行云流水，一气呵成。对本次考试，他颇有信心。

是啊，如果不是"违式"，主考官本来要录取黄道周为"解元"，也就是乡试第一名。

原来，明代科考要求极严，如果卷面出现该避讳而没有避讳的字眼、试卷写作不规范（如写到"圣""谕"等字时未顶格）、有污损涂抹、书写字体未按要求，甚至是"草稿不完者"，均会被当作"违式"，取消本次考试成绩，试卷还会被公示。黄道周正是在第二场的一篇诰文中，犯了没有顶格写的错误，被阅卷官拎出来作为典型；而本次主考官来宗道、姜性及福建提学官郑三俊，为了确定黄道周是否违式一事彻夜讨论，最终还是判定他违式。当年外祖父对父亲说过"谋事在人，成事在天"之类的话，似乎在黄道周身上被证实了。

但对于第二次乡试落榜，黄道周并不太在意。他将更多的精力放在学术研究上，继续遍研五经，写出了《易本象》《诗表》《春秋揆》《太咸经》等诸多著作，可谓废寝忘食，夜以继日。落榜后，他只是觉得愧对家人，尤其是母亲。毕竟这些年来，自己除了官府发放给正额生员的廪膳（每月六斗米的补贴），以及偶尔替一些亲友撰写序、传、碑记等文章得到的若干润笔费外，并没有其他收入。《孝经·庶人章》中说："用天之道，分地之利，谨身节用，以养父母，此庶人之孝也。"如今看到母亲一大把年纪还要做针线活，看到妻子林氏到鹿市街买菜只挑便宜的买，看到女儿黄子本还穿着去年的已经显短的衣服，作为一个男人，他内心很不是滋味。

"还是重操旧业吧！"黄道周对自己说。

当然，现在的黄道周已是秀才，更是漳州知名的学者，他不只能当"蒙师"，更可以当"经师"了，但他真正想当的其实是"人师"。他希望能遇到一些青年才俊，将自己的文章、学问乃至对人生的体悟传授给他们，让他们成长得更快、更好，为这个社会多作些贡献。

这样的学生，还真的有。听说黄道周要在东皋书舍讲业授徒，漳浦丹山的张若化（字雨玉）、张若仲（字声玉）兄弟慕名而来，后来得黄道周"明诚"之学与《易》学之传，一个考中举人，一个成为进士。崇祯十三年（1640）黄道周入狱受刑，张若化身着青衣小帽，乔装成杂役混入监狱，侍候黄道周起居；明清鼎革之际，黄道周慷慨就义，张氏兄弟则隐居于丹山，义不出仕，当时人们称他们是"国之颜子"，将他们比作孔门的颜回。

除了二张，铜山的二陈也来了。陈士奇、陈璸后来都在天启五年（1625）中进士，最终也都在四川"流寇"之变中壮烈牺牲。他教授的学生还有漳浦刘履丁（字渔仲）、铜山刘善懋（字公浣）……黄道周博学善教的名声，一直往南传到了潮州知府詹佐雨的耳中。正在为自己的孩子寻觅良师的詹太守立马派人带着厚礼来漳浦聘请黄道周，不过黄道周因为思念家人和那些翘首以盼的弟子们，只在潮州教了两个月，就回到了东皋书舍。

虽然詹太守以礼相待，他的孩子也很聪明，但在黄道周的心中，那些寒门子弟更让他牵挂，尽管他们给的束脩非常微薄。在官宦之家只教个别学生就能领取高薪，比不上在自己的蜗居授徒，既能享受天伦之乐，也能与心爱的弟子们谈心论道，教学相长。孟子说的"得天下英才而教育之"，确实是人生至乐之一。

漳浦是千年古县、大县，有钱有势的人很多。有些富贵人家要送孩子来向黄道周学习，但为人势利又无知，黄道周屡拒不得，只得想了个办法：他紧锁书房大门，只在西墙开了个小口，形如狗洞，只容一人俯身钻入，然后躲在房中，宣称在撰写新作，闭门谢客，亟须问业者，须从洞中进出。这一招挡住了那些权势之家，他们不愿让自己孩子的尊贵之躯出入狗洞，黄道周也因此乐得清净。而他的几个得意弟子当然无所谓，该来时还是会来，还因此戏称自己是"黄先生门下走狗"。而只有四岁的女儿最兴奋，在洞中进进出出，不时来找父亲玩，让黄道周无可奈何。

时间过得很快，转眼到了万历四十六年（1618），又是大比之年。三十四岁的黄道周在院试中再次名列第一，在八月乡试之前，提学官岳和声请他先到福州讲学，然后入贡院参加乡试，颇有点提前"广而告之"的意思。黄道周果然不负所望，获得本次乡试第七名，终成举人。

其实，黄道周本可以得到第一名的，但"解元"的荣耀再次与他擦肩，只因他写的策论太过犀利。

当年乡试的策论考试，以"治道"为第一问，黄道周以《尚书》之"无逸"，抨击明神宗怠于朝政、勤于养生，致使小人竞相进献无为长寿之说，大臣尸位素餐、言不及义。这般直言敢谏，令考官丁绍轼在填写第一名的时候犹豫了，最终将其列为第七名。他写的《相权》《党祸》《边防》等策论也有不少真知灼见，其忧国忧民之心一览无遗；而《正学》一篇，则对宋儒的道统观提出批评，并提出"豪杰之与儒者，均之可为圣人"，体现出宏大的历史观与深厚的学术思想。

黄道周中举的消息传回漳州，朋友们举杯为他庆祝，黄道琛在铜山家庙燃起了鞭炮，而东皋书舍中，陈氏在丈夫灵位前焚香祷告："嘉卿，你的儿子要去京师了。"

千里风雨，无数山水，还在前方等着黄道周。

第十七章

翰林院里的双子星

明朝天启二年（1622），经历了三次乡试、两次会试的黄道周，终于在三十八岁时考中进士。

早春二月，闽南的桃花已经结出蓓蕾，京城却还是风沙弥漫。这个清晨，北京城东门被人群围得水泄不通。在礼部所录取名单揭晓的那一刻，众士子围着杏榜，有的欣喜若狂，有的仰天长啸，有的失声痛哭，还有一位老人颓然倒地……城西一隅，黄道周却在临时借住的漳州会馆里聚精会神地写一篇万字长文。当会馆的一名伙计飞奔而来，连声高呼"黄先生，您高中啦！"之时，他的手不为人察觉地停顿了一下，但还是稳稳地写完了最后一句话："唯陛下垂察之，臣幸甚，天下幸甚！"这，就是他写给天启皇帝包含"致一以定人""不以兵治民""不督士而可以战"等十三条建议的《拟中兴十三言疏》。他知道，自己要迎来新的使命了。

接下来的殿试只是"排位赛"，黄道周最终定格在二甲第七十三名，赐进士出身。短暂的喧嚣过后，新科进士又参加了另一场考试，即选庶吉士（亦称"庶常"），入翰林院。

比起先前的乡试（即省考，考举人）、会试（即礼部组织的考试，考贡士）、殿试（由皇帝主考，分三甲进士），对于选拔庶吉士，无论是白发老者还是翩翩少年，新科进士们都面色凝重、态度严肃，不能不说，这和翰林院的特殊地位有关。

翰林院，这个被意大利传教士利玛窦称为"皇家学院"的地方，是明代几乎所有读书人的梦想去处。想当年，大唐"诗仙"李白也是翰林供奉，不过那时的翰林官更多作为皇帝的文学侍从，即使写出"云想衣裳花想容"这样的名诗，毕竟只是应景之作，也只博得君王、美人一笑罢了。一心想当"帝王师"、立志"澄清天下"的李白，当然不满意这样的帮闲身份，所以不久后就一走了之，去"五岳寻仙"了。但后来翰林学士逐渐因为出入内廷、参与起草诏令，权力越来越大。明代翰林虽品秩不高（如翰林学士为五品，编修为七品），却被视为清贵之选。明英宗以后，甚至有"非进士不入翰林，非翰林不入内阁"的说法，庶吉士于是也被视为"储相"。

不过，对黄道周来说，入阁为相只是他的人生追求之一，他更向往翰林院丰富的文献。黄道周是一个嗜书如命的人，想当年十四岁时在广东博罗，他为能读到当地名门韩氏的家藏书籍而欣喜若狂，如今能够坐拥书城，乐何如哉！此外，翰林院有编纂历史之责，庶吉士之名即来源

"太史尹伯，庶常吉士"（《尚书·立政》），在翰林院的经历对黄道周后来主张"经史并重"、编撰《懿畜编》等史书亦有重要影响。

更难得的是，在翰林院庶常馆，他遇到了一生最好的朋友之一——倪元璐。而他们之间的故事，不能不从一场奇异的经历说起。

二十五岁那年，黄道周到省城福州参加福建提学官组织的科考（优秀者可获得乡试资格），落第而归，回漳州时选择走水路。船老大贪心，多载了几个乘客。结果，那天闽江风急浪大，超载的船不慎侧翻，黄道周"扑通"一声掉入水中。自小生长在海边的他，倒也不是很慌乱。可是当时水流湍急，他只得顺着水势漂浮。恍惚中，似乎有人引导他来到一座宫殿前，朱门黄钉，门开着一条缝，其中光景不及细看。他只记得门上高悬一块匾额，上书"倪黄"两个大字。这时，匾额忽然向他飘来。他下意识地用手去抓，不料抓到的却是一把船桨。他得救了。此次落水者甚众，所幸有过往船只搭救，没人伤亡。当大家纷纷指责船老大时，黄道周只默默地记住了"倪黄"二字。这一经历，黄道周没有对人说过。但令他吃惊的是，这次的翰林院庶吉士选拔考试，自己是第二名，而第一名是一个叫倪元璐的人！

倪元璐，字汝玉，号鸿宝，浙江绍兴人，比黄道周小九岁，未及三十即成进士，正是意气风发之时。不过他为人谦和，与黄道周相处甚欢。有一次休沐，馆友小聚，黄道周喝了两杯，微醺之际，忍不住向倪元璐说起了他那次奇异的经历。倪元璐惊得手一抖，不顾酒杯"当啷"坠地，大声说："幼玄兄，恕愚弟今日乃敢直言，馆选前，我也做过一个梦，梦中到过一个大殿，上面的匾额也写着'倪黄'！"

这事确实称得上一桩文人雅谈，但真正让两个人成为至交的，其实不是梦，而是现实，是正直士人在风雨如磐之际那份深沉的忧国忧民的情怀。不过，"倪黄"二人可能也没有想到，若干年后，他们会一北一南先后殉国，名垂史册。这是后话了。

在书法方面，两人也有共鸣之处。黄道周、倪元璐与另一同年进士王铎，被世人推许为"三株树"，他们被视为当时书坛的领军人物。黄道周的书法以遒媚浑深为宗，倪元璐书法则以奇伟超逸见长，各具特色。文人墨客怎能缺少名砚相伴？明代文人陈继儒在《妮古录》中说得最为明白："文人之有砚，犹美人之有镜也，一生中最相亲傍。"而黄道周却有著名的"三却砚"之举，其中一次，正发生在翰林院。

根据黄道周在《书品论》中的自述，在他于天启二年（1622）入翰林院深造期间，福建老乡、莆田名士林湖长送给他一方淡紫色的砚台。莆田历来产砚，砚石质地坚硬，往往被选作名砚之首——端砚的替代品，故俗称"福建端砚"。对林湖长赠送的这方砚台，黄道周爱不释手。但在林湖长辞行之后，他思虑再三，最终还是认为"君子不夺人所好"，便派人长途跋涉，追上林湖长，归还砚台。类似这样辞谢名砚的举动，后来在黄道周身上又发生了两次。所以，黄道周在《书品论》中说他自己"在仕途翰苑中十余年，未尝收人一砚"，由此可见他的淡泊清正。若一个人不贪珍宝、不为物累，可想而知，他肯定有更高的价值追求。

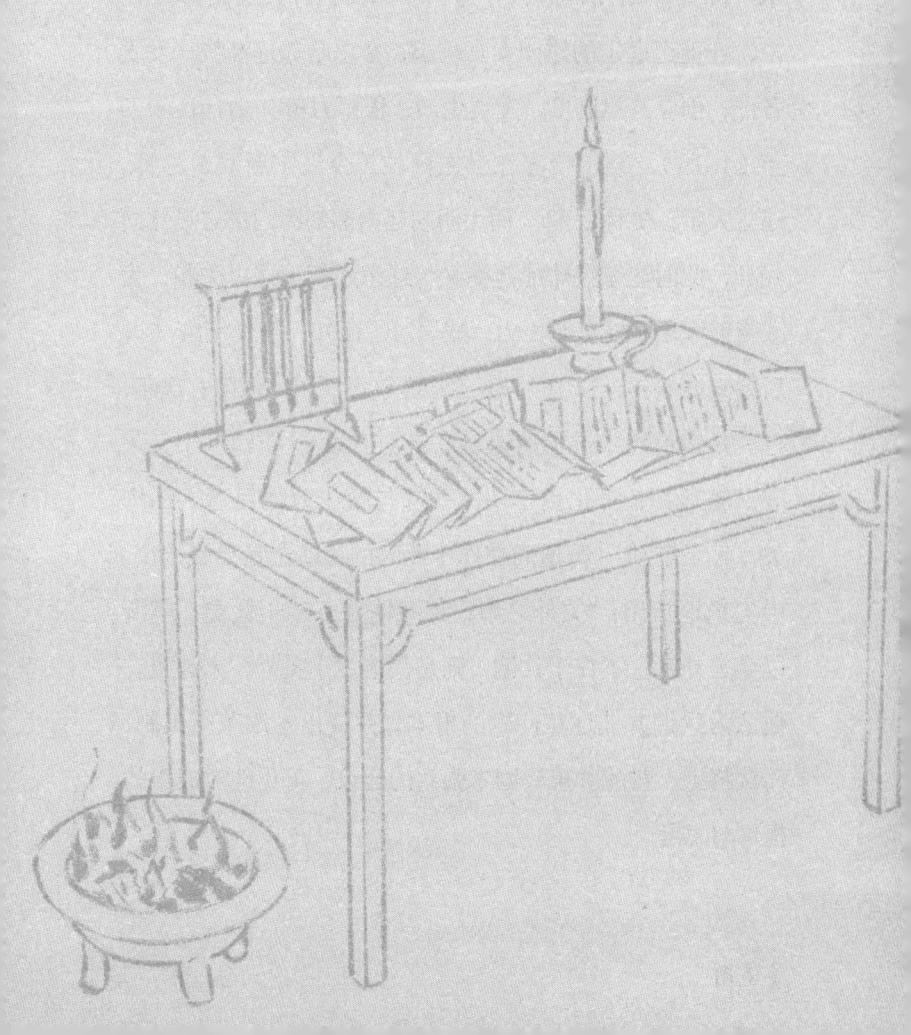

第十八章
不肯下跪的老师

此时的翰林院里，已容不下一张安静的书桌。

我国满族的祖先——女真，主要生活在东北白山黑水之间的黑龙江地区，分建州、海西、野人三大部。明末，迁徙至辽宁的建州女真崛起，努尔哈赤逐渐统一女真各部，创立八旗制度，发展生产，积蓄力量。万历四十四年（1616），努尔哈赤在赫图阿拉（今辽宁新宾）称汗，建立大金，史称后金。而大明朝廷内部却因门户之见党同伐异，此时辽东经略熊廷弼又与辽东巡抚王化贞失和，大敌当前大臣不能齐心协力，战局可想而知。天启元年（即后金天命六年，1621），努尔哈赤攻占沈阳、辽阳；次年，也就是黄道周中进士的天启二年（1622），重镇广宁又失守，熊廷弼、王化贞率明军残部与数十万流民遁入山海关，天下震动。黄道周在作于此时的《辽左足兵足饷议》中尖锐地指出："关外之事，议兵饷者五年于此矣，卒所以弃关外者，不在于兵饷，则是兵饷之于关外，末计也。"他认为兵饷并非辽东问题的根本，并提出了改革屯田制、简汰将士、耕战并重等固本强兵的建议，可见他对战事的担忧与思考。

天启皇帝登基后，魏忠贤逐渐独揽大权，迫害异己。魏忠贤本是北直隶肃宁（今属河北）的一个市井无赖，与一群恶少赌博，负债累累，一怒之下自宫为太监，依附宦官魏朝。他和天启皇帝的乳母客氏结为"对食"，虽目不识丁，但谋得秉笔太监之职。天启皇帝是少年天子，十六岁登基时亲生父母双亡，故把客氏当作亲人。他酷爱木工手艺，斧锯锥凿样样精通。魏忠贤每次都趁他做木工做得十分投入之际前来奏事，天启皇帝总不耐烦地说："知道了，你替我决定就是了。"从此，魏忠贤就成为天启皇帝的全权代理人，作威作福，肆无忌惮。

太监本来是值得同情的群体，但中国古代君主集权制下的宦官制度存在诸多弊病，常导致宦官专权的局面，宦官误国者不在少数。明太祖对宦官干政有过清醒的判断："此辈若用以为耳目，则耳目蔽矣；以为腹心，则腹心病矣。"可惜他的子孙后代在这一点上不如他明智，明朝祸国殃民的太监层出不穷，王振、汪直、刘瑾……至魏忠贤可谓登峰造极。此时，朝中趋炎附势的小人纷纷投靠魏忠贤，以谋取富贵，结为"阉党"；正人君子则鄙视此种行径，或隐退，或反抗，与阉党展开各种形式的斗争。黄道周正是在这样的情况下，与魏忠贤发生正面冲突。

天启二年（1622）十月，黄道周同科状元、翰林院修撰文震孟有感于魏忠贤擅权独断、屡屡斥逐大臣的行径，愤而上《勤政讲学疏》，其中说道，陛下每天都上朝理政，不能说不勤奋；但是群臣在礼仪官的指引下跪拜起立，如傀儡登场而已。以前祖宗之朝，君臣相对，如父子般坦诚相待，上至军国大事，下至百姓日常，都加以讨论，因此奸诈之徒无法作怪，左右侍从也不能蒙蔽国君。如今小人横行，清浊不分，道学遭诋毁，讲学被禁止，唐宋末季，可为前车之鉴。这段话主要针对魏忠贤而发，意在提醒天启皇帝不要为奸人所蒙蔽，避免重蹈唐宋末年宦官乱政与党禁之祸。这里的"傀儡登场"是指群臣如傀儡一般只会"跪拜起立"，君臣关系不再如前朝融洽。

但是，狡诈的魏忠贤将文震孟的奏疏扣留不报，后却找机会向皇帝进谗言，诬陷文震孟狂言犯上、指责皇帝是"傀儡"。文震孟是江南大才子文徵明曾孙、新科状元，满腹才华，一身正气，众所周知。稍有头脑的人都会认为这是诬陷，可是据《明史》记载，"帝颔之"，也就是说天启皇帝听信谗言，并直接把文震孟的生死交给魏忠贤处置，简直糊涂到不可救药的地步。但此时，魏忠贤还不敢杀害文震孟这样级别的人物，同时多亏首辅叶向高、次辅韩爌极力申救，最终文震孟被廷杖八十，幸免一死。多年以后，黄道周在为文震孟所作的《文文肃公碑》中称他是"词林以来希有"，将他比作春秋时郑国贤相子产和南宋忠臣文天祥。

如果以为这样就可以吓退进谏的人，那魏忠贤就太低估这些饱读圣贤书、拥有弘毅不屈品格的儒生了。文震孟上疏十余天之后，黄道周好友、同年进士郑鄤又上《谏留中疏》。所谓"留中"，就是皇帝把臣子的奏章留在宫禁中，不交给有关部门审议，也不作任何批答，是一种典型的不作为。郑鄤在其中写道："今若经御览而留中，则非止辇转圜之义；若不经御览而留中，必有伏戎援奥之奸。有识寒心，未得所谓。"郑鄤不仅批评天启皇帝不像汉高祖、汉文帝那样从谏如流，更指出其中有奸人作祟，结果他被降二级调外任，回籍候补。

接下来，该黄道周的第三疏登场了。

深夜，黄道周的寓所里，火盆中的火已经渐渐熄灭，盆中焚烧过的褐色纸灰在微微起伏。这已经是他投入火中的第三稿了。奏疏到底上还是不上？这是一个令他万分纠结的问题。国家不幸，遇此昏主、恶珰，好友先后挺身而出，自己理应义无反顾，无论从公义还是从私交出发，上疏都势在必行。可是，母亲已经在来京团聚的路上，如果自己遭遇不测，老人家如何承受得了？此刻，黄道周深深体会到孝与忠难两全的矛盾。他凝神兀坐，不知不觉，天色已然发白。笔端的墨汁凝固，他平生第一次有了愧疚感。但是，他知道自己一定会以别的方式来承担应有的道义。

天启五年（1625）三月，黄道周以翰林院编修的身份充任经筵展书官，终于与魏忠贤发生正面冲突。这一年，他正是四十不惑的年纪。

"经筵"是古代帝王为研读经史、提高自身文化素养而专门设立的御前讲席，经筵讲学成为儒臣难得接近皇帝、影响其行为的机会。宋代大儒程颐、朱熹都当过经筵讲官，程颐劝说宋哲宗莫折春柳以惜物情，朱熹则告诫宋宁宗正心诚意以格君心。按明代的惯例，讲学时，展书官要膝行接近御座，然后打开御用讲义；讲官要叩头之后，才能站在皇帝面前开始演讲。按理说，经筵讲官和展书官作为皇帝的老师，应得到尊重。但明代帝王对读书人可不像宋朝皇帝那么友好。明人蒋一葵在《长安客话》中就记载了经筵讲官的"不幸"遭遇："景泰初，始开经筵，每讲毕，命中官布金钱于地，令讲官拾之，以为恩典。时高榖六十余，俯仰不便，无所得，一讲官常拾以贻之。"命太监把金钱扔在地上让讲官去拾取，这说明皇帝明显不将经筵讲官放在眼里，甚至戏弄他们。而作为他身边的亲信，太监们自然也不尊重讲官，更不用说像魏忠贤这样炙手可热的大太监。

这天，天启皇帝旁边就站着魏忠贤。其实经筵讲学时，魏忠贤本不必出场，但他为提防讲官趁机向皇帝说些对他不利的话，所以这年屈指可数的几次讲学，他都会到场。此时，魏忠贤手执拂尘，心不在焉。他刚得到消息，干儿子、新晋锦衣卫指挥使田尔耕孝敬自己的一箱宝贝已托人送入宫中，不知是什么稀罕东西……当他以为此次经筵也像之前那样例行公事就草草结束时，展书官黄道周出现了。只见他手捧这次进讲的经书——《礼记》，一反以往展书官跪着进献书籍的惯例，平步前行，旁边的执事太监们大吃一惊，不知所措。魏忠贤虽早就对这个"闽海才子"有所耳闻，却没料到他竟然如此胆大妄为。魏忠贤咳了一声，瞪着黄道周，将拂尘一抖，意在制止他。黄道周不为所动，一直走到御座前，将经书轻轻放下，再拱手退于一旁，说："今日开讲《礼记》。礼者，尊人而卑己也。圣天子当尊师重道、亲贤远佞，臣以为膝行进书，非礼也。"魏忠贤想说什么，又忍住了，毕竟在皇帝面前也不能太放肆。他暗暗咬牙切齿："黄道周，你就等着瞧吧！"天启皇帝倒是饶有兴致地看着这位不下跪的老师，并示意讲官不必叩头，直接开讲。他只希望能早点儿下课，给自己最近刚完工的金丝楠木椅子涂上第二遍漆。

由于触忤了魏忠贤，也看清了天启皇帝的昏庸懦弱，黄道周随即借口奉养母亲，告假还乡，这就是他后来在《辨仁义功利疏》中所说的："侍经筵仅一日，忤珰而去。"

等到他再次出席经筵,成为经筵讲官,已经是崇祯十年(1637),也就是十二年之后了。

第十九章

霞与石的交响

天启五年（1625）七月，黄道周携母亲及女儿黄子本返回故乡漳浦。此前，在天启三年（1623）北上与黄道周团聚途中，他的夫人林氏不幸病逝于浙江嘉兴。天启六年（1626），眼见母亲年事已高、幼女无人照料，黄道周续娶蔡玉卿。

蔡氏乃龙溪隐士蔡乾鎏的女儿，万历年间户部郎蔡乾釜的侄女，自幼知书识礼。当媒人前来提亲时，黄道周有一点儿心动，但更多的是犹豫。心动的是，他早就听说蔡玉卿是才女、孝女，可谓难得的佳偶；犹豫的是，两人年岁相差颇多，自己又掉臂独行，不与世俗相妥协，注定命运坎坷，他不想耽误蔡玉卿的未来。不过当听到媒人转述玉卿所说的"不计较年龄、相貌、家世，只想嫁一个真正的读书人"时，黄道周最终答应了这门亲事。婚后两人情投意合，蔡玉卿尽心侍奉婆婆、善待子本，黄道周教蔡玉卿学习书画、研读经典，两人既是夫妻，亦为师友。蔡玉卿来到黄家后不久，黄母含笑而逝。黄母知道往后会有人像自己那样关心小儿子道周了。

黄道周从小就喜爱石头，欣赏石头的刚直、硬朗，一生与石结缘。他早年在东山的石洞里苦读，坐卧皆于石上。他为父亲营造的墓穴，位于漳浦的石养山（北山）上。他给自己取的斋号，就叫"石斋"。因此，他给蔡玉卿取字"润石"，这是一个引人遐思的名字。也许，他认为玉是石中极品，君子温润如玉，而润石，正是玉卿的写照。

总之，黄道周是幸运的，他有严父、慈母、良兄，以及蔡玉卿这样的贤妻，还有一位特殊的益友，他就是黄道周愿为之"割肝相向"、令蔡玉卿赞叹"快把奇书游记读，顿如甘露豁心胸"的徐霞客。是的，这里所说的，正是明代最伟大的旅行家、地理学家徐霞客。

祖国辽阔而美丽，是我们身心栖息的家园，有着可供登临览胜的万千气象。但是，直到明末，我国才出现一位对中国山水进行科学研究的奇人。"奇人"之赞誉，并非后世所加，同时代的名人、明末文坛领袖钱谦益已推许徐霞客为"千古奇人"、《徐霞客游记》为"千古奇书"；与此相呼应的是，英国著名的世界科技史专家李约瑟也指出徐霞客其人其书超越时代的价值，"《徐霞客游记》读来不像17世纪学者写的东西，倒像是一位20世纪的野外勘察家写的考察记录"。而就是这样一位走南闯北、阅人无数、为时人及后世所推重的徐霞客，晚年却在云南丽江与慕名招待他的当地土司木增坐论天下名人时，缓缓而坚定地说出了这样一段话：

> 至人唯一石斋，其字画为馆阁第一，文章为国朝第一，人品为海宇第一，其学问直接周、孔，为古今第一。

《徐霞客游记》的开篇之日（5月19日），在2011年被国务院定为"中国旅游日"；上述这段话，记载在《徐霞客游记》之《滇游日记七》。是什么原因，让"奇人"徐霞客推崇黄道周冠绝古今、为荣膺四个"第一"的"至人"呢？那还得从崇祯元年（1628）两人的第一次见面说起。

崇祯元年（1628）四月，徐霞客第一次入漳。此时徐霞客的族叔徐日升正担任漳州主管司法的推官，故邀请徐霞客游漳州。当然，徐霞客来漳州还有一个原因，就是想见见那个传说中的大才子黄道周。而黄道周也久闻这位志在游历天下名山大川的奇人之名。现存的《徐霞客游记》散佚甚多，其中只记载他四月初四入漳，随即赶赴南靖拜会代理南靖县令的徐日升，缺乏他至漳浦与黄道周相见的记载。不过在黄道周后来所作《七言古一首赠徐霞客》一诗里，则留下了两人初次见面的场景。黄道周眼中的徐霞客是这样的：

事亲至孝犹远游，欲乞琅玕解夜织。

万里看余墓下栖，担囊脱屐惊乌啼。

入门吹灯但叹息，五年服阕犹麻鞋。

  徐霞客出生于江苏江阴一个耕读世家，十九岁父亲去世，二十一岁辞母远行，这似乎与"父母在，不远游"的传统观念相悖。但是，徐母是一个开明通达的人，她亲手缝制"远游冠"，鼓励徐霞客不要因科举考试而久困场屋，应去游历天下、增长见识，回来时将大好山河、奇闻佚事讲给母亲听，所以黄道周说他"事亲至孝犹远游"。古时，父母过世，子女需守孝三年。崇祯元年（1628），徐母已经去世四年多，但徐霞客仍然穿着服孝的麻鞋，所以黄道周说他"五年服阕犹麻鞋"。黄道周之所以留意到这些细节，是因为自己也是一个大孝子，为父亲营坟、守墓终身，母亲去世时他五日不食、哀毁过礼。由此可知，二人之所以一见如故，首先是彼此对父母的孺慕之心、至孝之行产生的共鸣，其次才是彼此鲜明个性与杰出才华的相互吸引。

  徐霞客到漳浦见黄道周时，黄道周正为母亲服丧守孝，所以并未能诗文唱和，但是在漳浦北山的一间草庐中，一灯如豆，两人彻夜长谈。世人的传闻，哪里比得上当事人的说法？徐霞客历险雁荡山、探寻雁湖、踏雪黄山光明顶的豪迈之举令黄道周心驰神往；而黄道周三疏三焚、平步进书，及期望以实学、经学振衰起弊的忧国情怀则令徐霞客肃然起敬。两人从此订交。这一年，黄道周四十四岁，徐霞客四十三岁。他们此后的交往，就像一部传奇。

崇祯三年（1630）二月，黄道周北上京城时途经江苏毗陵（今常州），在拜访同年进士好友郑鄤后，又坐船沿运河北上。徐霞客闻知，立刻以快船追至丹阳，可是千帆驶过，道周在何处？宽阔的河面上，回荡着"石斋兄何在"的高声呼唤。也许是心有灵犀，在船舱中看书的黄道周踱出甲板眺望，竟然听到风中隐隐传来的呼唤声。黄道周赶紧让船夫放慢速度，迸发丹田之力高呼："黄某在此，是霞客兄吗？"只见远处一舟乘风飞驰而来，不到一刻钟，徐霞客已然跃入黄道周的船中，执手相看，恍如隔世，这是两人的第二次见面。

此后数年，他们又有两次相逢，泛舟太湖，畅游漳州平和县境内的大峰山（大峰山之旅则是黄道周陆行百里追赶徐霞客）。每一次聚首，他们都有说不完的话、写不完的诗。

可是天不遂人意，崇祯十四年（1641），他们迎来了生离死别。

这一年黄道周被诬入狱，受尽折磨。徐霞客游滇归来，多年的跋山涉水、艰辛遭遇使他的身心严重受损，特别是脚疾大作，令他无法正常行走，否则按他的脾气与情谊，早就奔赴京城去探望黄道周了。至交好友、一代文宗遭遇冤屈、身陷囹圄，自己却力不从心，怎么办？他把儿子徐屺叫到跟前，说道："屺儿，你知道为父一生最敬黄石斋先生，现在他入狱受刑，我却不能去看他。现只能托付你，你把我最新的四册游记及慰问品带给他，请他一定要坚持住，等他洗冤出狱，我们还有五岳之约！"

透过监狱屋顶的一缕光线，遍体鳞伤的黄道周捧读游记，心潮澎湃，不觉手舞足蹈，以至伤口裂开，鲜血直流。他把刚刚抄写好的一册《孝经》交给徐屺，说："当年与你父亲初次见面时，我尚在服丧，不能以诗文酬答；如今我身为罪人，亦不敢多言。唯有手抄《孝经》一册呈上，令尊自知我心。"徐屺强忍热泪，从黄道周因受过拶刑而扭曲变形的手中接过《孝经》。在北京探监三个月后，徐屺归家，向父亲描述黄道周在狱中情状，不禁失声痛哭。徐霞客捧读遒丽庄敬的小楷《孝经》，但见点点血迹洇于纸上，长叹一声："石斋兄，你受苦了！"徐霞客因此不思饮食，三日后，与世长辞。后来，黄道周作挽诗二首，极言失友之痛，其中云："十洲五岳齐挥泪，屐齿无因共数峰！"

崇祯十五年（1642）正月，黄道周出狱，赴四川酉阳

(今属重庆)戍所,途中托人到徐霞客家中祭奠,并作《遣奠霞客寓长君书》,信中深情地对徐屺说道:"缙绅倾盖白头者多矣,要于矙然物表,死生不易,割肝相示者,独有尊公。"

是啊,每个人都不是一座孤岛。人生在世,总要和不同的人发生交集,有的是血缘亲情的爱怨,有的是日常寒暄,有的是人海中一次擦肩而过,还有的是灵魂深处嘹亮的回响。如果说倪元璐、郑鄤是黄道周仕宦途中的同道,那么徐霞客就是黄道周在精神旅程中的"镜像"。透过徐霞客,他看到了另一个自己:热爱自然,钟情山水,率真任性,格物致知。

徐霞客与黄道周,一个飘逸如霞,一个坚贞若石,在灵动与执守之间相遇,惺惺相惜,相得益彰。司马迁称廉颇、蔺相如为"刎颈之交",黄道周、徐霞客则可称为"割肝之交",古人友道风范,于此又添绚烂光彩。"志合者,不以山海为远。"《抱朴子》之言,千载之下,仿佛正为二人所发。

第二十章

北上勤王

崇祯二年（1629）冬，在漳浦北山结庐守墓的黄道周决定辞墓，出山勤王。

如前所述，崇祯元年（1628）是黄道周与徐霞客初次见面的那一年，不过信王朱由检（1611—1644）接替他病逝的皇兄朱由校当上皇帝却是在前一年，即天启七年（1627），次年才改元为崇祯。当时礼部拟了四个年号供新帝选择，即永昌、绍庆、咸宁、崇贞。但风雨飘摇、内外交困之际，哪里谈得上昌盛、安宁？最终他选择了"崇贞"，只是将"贞"改为"祯"，"祯"者，吉祥之意。在大明的落日余晖中，末代皇帝崇祯在为朱氏王朝作最后的祈求与挣扎。

平心而论，作为一个十七岁的皇帝，崇祯帝一开始做得也算不错了，至少比前几任皇帝都更加勤奋、更想把国家治理好。别的不说，仅从他即位数月之后即不动声色、顺势因时地将魏忠贤、客氏一伙一网打尽，就值得称赞。但是，历年来皇室钩心斗角的生活造就了他多疑猜忌的性格，少年骤登帝位、独揽大权的际遇又使他变得刚愎自用，而急切想改变现状的心态更令他焦虑暴戾、喜怒无常。崇祯帝在位十七年，如走马灯换了五十名首相，误中皇太极离间之计而处死曾经被倚为"国之长城"的袁崇焕，这些都体现他用人不明、果于诛杀的秉性。李自成率起义军攻入北京时，崇祯帝在自缢于煤山之前说的最后一句话是"君非亡国之君，臣皆亡国之臣"！他不曾反省：如果这些人都是亡国之臣，那是谁任命、重用他们的呢？唯我独尊的皇权思想实在害人不浅，而且害的不仅是别人，也包括皇帝本身。崇祯朝文武百官，包括黄道周要面对的，正是这样一位少年天子。

黄道周是在崇祯二年（1629）冬天的一个早晨开始整理行装的。因为他听到了十月下旬当时后金的统治者皇太极带领大军从蒙古入境、直逼京师的消息，这时再隐居避世已不符合士大夫所为。他决意出山，北上勤王。离漳前，他有两件事要做，一是辞别父母之墓，二是辞别好友张燮。

天启五年（1625）岁末，黄道周将父亲的坟墓从顿坑（今属云霄县）迁至漳浦北山，亲自营坟，培土、树碑，可谓尽孝子之所能。天启六年（1626），黄道周的母亲去世，亦葬于此地，北山之墓，一土一石、一草一木，都是黄道周亲手搬运、种植。之后，他还对父母坟墓不断修缮。他结庐于墓侧，除外出从仕、讲学外，其余时间长居于此，如在父母身边，达到了《礼记·中庸》所说的境界:"事死如事生,事亡如事存,孝之至也。"此次北行,是他第一次离开北山墓庐,如同离开父母膝下远行,怎么能不告而别呢?

闽南仲冬,北风凛冽,而坟墓两边的松柏已初长成,树叶依然青翠。黄道周铲一锹土压在坟上,焚香祝祷,拜告父母,并作七律《辞墓诗》八章,其一云:

> 昔为肃肃云中羽,今为尘尘风下车。
> 官舍更谁怜却鲊,杖头仍自泣枯鱼。
> 半生已觉熊丸淡,只字未酬画荻书。
> 肤发不亏亲所见,多凭香草祝归予。

诗中用古代"封坛退鲊""画荻丸熊"等贤母教子之典故,表达难忘父母教养之恩,而"肤发不亏"则出自《孝经·开宗明义章第一》"身体发肤,受之父母,不敢毁伤,孝之始也"。读此诗有助于理解他于天启五年(1625)三疏三焚、最终选择归家奉母之举。如今母亲已去世,黄道周别无牵挂,随时可以献身于社稷,因此辞墓也是一种郑重的宣誓;而辞别张燮,则是想听听这位博学多识、著作等身,却不愿从仕、人称"征君"的好友对他此行的建议。

如前所述,张燮是最早赏识、宣扬黄道周的漳州士人之一。此时，他正隐居于郡城郊外的南岩万石山。黄道周到访，张燮也不客套寒暄，随手递来一把锄头，邀请他一起挥锄凿山、开辟新居。黄道周二话不说，撸起袖子，抡起锄头就干。

南岩万石山历来为漳南名胜，张燮两年前病逝的儿子、黄道周的弟子张于垒（字凯甫），就葬在万石山上，墓碑上的字"明邑文学圣童祀特祠张凯甫之墓"乃张燮亲手写就。张于垒年少聪慧，八九岁即能歌咏酬客，十三岁而诗成，十六岁而文章成，著有《麟角篇》十卷，人称"圣童"，是黄道周的得意门生。黄道周在《张凯甫墓表》中赞叹道："自吾所见道艺之就，未有若是之迅者也。"可惜张于垒早逝，寿仅十八，白发人送黑发人，张燮内心的酸楚可想而知。如今他想专注于著述，特别是完成他的《七十二家集》，以暂时忘却丧子之痛，故在此建万石山房，营造藏书、读书、著书之所。

两天后，沿着山隙开凿的两处居室已初具规模，张燮将锄头放在一旁，拍拍身上的泥土，轻叹一声，对黄道周说："石斋兄，你心怀家国天下，我守此空山黄卷。此去一路珍重，现有东北后金政权与西部农民起义的双重压力，人心险恶、天意难测，你应时时警惕。若壮志难酬，可回此清漳万石，与我比邻而居，共商文史，成就名山事业，也算不枉此生。"黄道周郑重地点点头，把刚刚成书

的《三易洞玑》送给张燮,并赋诗赠别。诗云:

逋客畏官舍,离家仍凿山。
泉心看物破,云踵置人间。
黔突随征鸟,空巢托掩关。
长安尘砾炽,谁共写潺湲?

经建安,过铅山,至毗陵……黄道周一路迤逦北上,终于在崇祯三年(1630)四月抵达北京。此前,后金兵已攻陷遵化等多处城池,蹂躏顺天、永平两府州县,饱掠而去,其间前锋直抵永定门外,京师臣民为之震恐。而从关外星夜驰援、浴血奋战的袁崇焕却因崇祯帝听信流言、中了反间计而入狱待刑。后金野心勃勃、后劲十足,明朝百病缠身、积弊丛生,双方轻重之势,已然失衡;而作为领袖人物的崇祯帝与皇太极的差距,经过此次"己巳之变",也是一目了然。黄道周一直牢记本次北上的使命,两次上疏建议截断留守在河北滦州、永平一带后金兵的退路。可是大难之余,朝廷上下如惊弓之鸟,关心的仅仅是如何收拾残局、推诿责任、寻找替罪羊,根本没有心思考虑战略决策。黄道周作诗慨叹:

胡骑虽风雨,栖迟亦半年。

忙中扊齿尽，定后角弓悬。

马邑单于智，龟兹使者贤。

皇途天网阔，偏许只轮旋。

汉武帝时，汉军设伏兵于马邑，却被匈奴军臣单于识破逃脱；东汉时，班超出使西域三十年，远交近攻，纵横捭阖，令西域强国龟兹最终臣服大汉。黄道周从正反两面举例，表达了对此次清兵长驱直入却能全身而退的深深遗憾。

不过阁臣们倒是颇有共识：既然黄道周这位大儒回来了，就让他去主持考试吧！于是，黄道周很快接到新的任务——以他辞归之前天启年间翰林院编修的身份担任浙江乡试主考官。浙江历来人文鼎盛，乡试考官又是清贵之职，在一般人看来，这是个好差事。刚刚在北京安顿下来的黄道周只得再次南下，于八月初二抵达杭州。

第二十一章

主考官是"东林党"吗

明代的乡试（即省试）也叫秋闱，三年一考，一般在子、卯、午、酉年秋天的八月举行。本次浙江乡试的时间，是从崇祯三年（1630）八月初九到八月十五。考完试的举子们，离家近的可以回家与家人团聚，共度中秋佳节，离家远的则只能举杯邀月，思乡怀远，耐心等待数日后的揭榜。而黄道周和众考官们则开始了繁忙的阅卷、录取工作。

明代乡试的考试内容主要包括"四书"义三道、"五经"义四道，论一道，诏、诰、表等实用文体的写作，时务策等若干。作为在考场摸爬滚打多年的过来人，黄道周在此次乡试中出的论题为"治天下必先立志论"，因有感于当时士子乃至朝臣普遍只顾个人功名利禄，缺乏明辨义利、平治天下的雄心壮志，他想借机纠偏。考试结束后，共录取举人九十八名，其中不少人成为黄道周后来在浙江余杭创办的大涤书院的弟子。不过，有两桩事是此时身处杭州的黄道周始料未及的：考试结束次日，也就是八月十六日，在千里之外的北京，崇祯帝以"谋叛欺君，结奸蠹国"之罪将曾经寄以"五年复辽"厚望的袁崇焕处以磔刑；另一件事是此次乡试，招致一场所谓"割榜"（删除录取的人）的纠纷，影响不小。这两件事后来纠缠在一起，令黄道周深陷其中。

袁崇焕之死，是前一年后金入侵、京师告急而被当作替罪羊的结果。而"割榜"的缘由是这样的。本次乡试过程中，黄道周带领诸位同考官、分考官实行全封闭阅卷，谢绝一切请托干谒。一些缺乏真才实学的权贵子弟无从找门路，下场当然是名落孙山，为此他们心怀怨恨，伺机报复。恰好在放榜之前，黄道周发现拟录取的名单中有尚观声、尚观法二人，疑似兄弟同时参加考试，他们的"五经"义都选考《春秋》一房，其中尚观法卷面整洁，而尚观声的试卷有涂抹痕迹。黄道周怀疑其中有作弊行为，负责监察的御史对此也有所提醒，在与其他考官商量之后，黄道周决定删去尚观声，保留尚观法。这件事情在当时本无异议，但到了年底，也就是崇祯三年（1630）十二月，黄道周于上疏营救被逮入狱的辅臣钱龙锡之后，次年二月即被礼科参纠此事，其中原因不能不引人思索，并不禁让人联想起天启年间钱谦益主持乡试而卷入"关节受贿"的事件。

所谓"关节"，指暗中说情，行贿勾结。那是天启二年（1622），同样是浙江乡试，钱谦益同样以翰林院编修的身份担任主考官，考生钱千秋在"四书""五经"经义考试中写的七篇文章结尾处都嵌入"一朝平步上青天"七字作为记号,且最后被录取为举人。钱谦益本不知情,在此事被同考官发现并举报之后,惊骇万分,上书澄清自保。最后钱千秋及涉事考官金保元、徐时敏等人被捕入狱,钱谦益以"失察"之罪罚俸三个月。本来这事已算了结,却在崇祯二年(1629)会推阁臣时又被提起。

阁臣,指内阁大学士。洪武十三年(1380),明太祖朱元璋借胡惟庸谋反一案,趁机废除中书省,不设丞相,权分六部,并设置文华殿、文渊阁等殿阁大学士协理奏章。明成祖以后,殿阁大学士经常参与机务、出入内廷,权力渐大,故称为内阁。内阁首席成员相当于宰相,称首辅,排名第二的为次辅,其他称辅臣、阁臣。当时崇祯帝组阁采取的是"会推"加"枚卜"的方式。首先由吏部主持,推选出各部门适合入阁的大名单,然后崇祯帝亲自用类似抽签的方式(用筷子从金瓶中随机夹出写有候选人名字的纸团),差额选出(如十选七)阁臣的最终人选,这种方法看似公平,实则显得荒唐,如此就出现过这样的画面。天启七年(1627)十二月,崇祯帝首次枚卜内阁成员。金殿上,沉香缭绕,百官肃立,崇祯帝郑重其事地用金筷子夹出第五位"中奖"的学士,刚刚摊开红纸,还没看清名字,忽然刮来一阵大风,纸条硬生生被风吹走,转了几个圈,飞到一群大臣中,不见了。众人整理衣冠,太监遍寻各处,皆不见踪影。崇祯帝无奈,清咳一声,说:"如此看来是天意,朕再夹取一位吧!"于是,他只能再夹。后来才得知,这个"被风吹走"的倒霉鬼是吏部侍郎王祚远。

接下来在崇祯二年(1629)的枚卜中,钱谦益以礼部侍郎的身份进入会推名单,担任礼部尚书的温体仁反而没有入选。于是,急于入阁又阴险老辣的温体仁翻出旧案,以"关节受贿"一事上疏,对钱谦益进行攻击。

钱、温之争从表面上看,是为了争夺内阁权力而钩心斗角的私人恩怨,实则折射出明末党争的政治文化背景。崇祯帝上台后清除了魏忠贤一党,不等于就完全倚重阉党的主要对手——东林党。君主最忌讳大臣结党,所以他要利用党争制衡百官、掌控全局。法家强调法、术、势,枚卜就是"帝王之术"的一种表现。魏忠贤垮台后,其不少党羽仍在朝中为官,其实这也是崇祯帝制衡百官的手段之一。钱谦益曾从学于东林领袖顾宪成,因此名列当年阉党一手炮制的《东林点将录》;在被温体仁检举揭发之后,不少官员都替钱谦益鸣不平,这就更加重了崇祯帝对钱谦益结党营私的怀疑。钱谦益由此不仅没有入阁,还丢官归乡,不再受任用。

在传统的君主专制体制下,由于党同伐异现象的客观存在,在执行公务中即使是一次看似不起眼的失误,最后也有可能演变成压倒骆驼的最后一根稻草。那么,黄道周和"党争"到底有没有关系呢?

这里有必要再补充说明一下所谓的"东林党"。万历三十二年(1604),以顾宪成和高攀龙为首的学者重新修建宋儒杨时创办的无锡东林书院,并在此讲学、议政,形成一股不可忽视的政治力量,引起当权者的猜忌。今天,我们来到东林书院,一进入"依庸堂",就会看到里面悬挂着那副著名的对联"风声雨声读书声,声声入耳;家事国事天下事,事事关心"。这是书院领袖顾宪成高举的一面旗帜。东林讲学一开始,就注重品评时事、臧否人物、关心朝政、扬善去恶,具有鲜明的经世致用精神,也必然与朝中一些腐朽、落后的势力为敌,并招致污名化与疯狂报复。《明史·孙丕扬传》中说道:"(万历年间)南北言官群击李三才、王元翰,连及里居顾宪成,谓之'东林党'。"到了天启年间,"东林党"之名,更成为阉党小人对朝野清流的概称,并将之作为构陷君子的一个名目,于是就有了天启五年(1625)"毁天下东林讲学书院"之厄运。

这一次黄道周上疏营救的钱龙锡,曾为南京吏部右侍郎。天启五年(1625),钱龙锡因触犯魏忠贤而辞归,也名列《东林点将录》之中。他在崇祯元年(1628)由枚卜入阁,于崇祯二年(1629)主持拟定魏忠贤一伙"逆案"名单,被阉党成员恨之入骨。恰逢袁崇焕入狱,御史高捷、史䔢趁机上疏，诬陷钱龙锡收受袁崇焕巨额贿赂，钱龙锡因此被捕入狱。当时的阉党余孽聚集在一起合谋，欲将袁崇焕定为逆首、钱龙锡等人定为逆党，这样就可以再立另一个"逆案"，以抵消之前钱龙锡主持认定的魏忠贤逆案。他们甚至请求朝廷对钱龙锡处以极刑。由于"五年复辽"的美好愿望与后金直逼城下的残酷现实形成的巨大落差，袁崇焕事件确实触及崇祯帝的痛处。龙颜大怒之下，满朝文武噤若寒蝉，不敢为钱龙锡发一言。这时，黄道周挺身而出。

黄道周对党争其实是有清醒认识的。他本人也试图超越无处不在的党争，追求更有效率、更具价值的政治参与途径。天启三年（1623），周起元数次约他加入以东林人士为主开展讲学活动的京城首善书院，他都婉言谢绝；对于东林人士与政敌展开激烈斗争而卷入"三案"（即梃击案、红丸案、移宫案），他也保留自己的独立见解。早在万历四十六年（1618）参加乡试所撰策论《党祸》篇中，他认为朋党多兴于一代之末世，并比较、辨析汉、唐、宋等前朝之党争，称"唐以角小人之威焰，宋以斗儒生之间气"，而汉代"不党亦败，党亦败，然而党犹以折阉寺而短奸雄之气"。可以看出，黄道周赞同君子"矜而不争，群而不党"（《论语·卫灵公》），但他对汉末清流与宦官、外戚的抗争是加以肯定的。他本人也与擅权乱政的魏忠贤阉党势不两立，因为这是正义与邪恶之间的抉择，不仅仅是结不结党的问题。何况他的同乡好友周起元，正是被阉党残害的"东林后七君子"之一；而在天启五年（1625）魏忠贤一伙人罗织的东林党人榜中，黄道周也赫然在列。因此，自己是不是东林党人、能否超脱于党争之上，已经不是他所能左右的事了。他只知道自己应当依仁由义、正道直行。

所以，当崇祯三年（1630）十二月钱龙锡被逮入狱，而黄道周刚刚因天启四年（1624）参加修纂的《神宗实录》竣工被擢升为东宫太子的属官右春坊右中允，这顶新的正六品官帽还没戴热之时，他就慨然上疏，申救钱龙锡，丝毫不惧是否会被阉党余孽视为东林，被崇祯帝疑为结党。

在奏疏中，黄道周有理有据地指出钱龙锡不该杀、不能杀与不必杀：袁崇焕身为主持边事的总督，又手握尚方宝剑，君命尚且有所不受，何况在朝廷的阁臣。故袁崇焕的所作所为（包括擅自诛杀桀骜不驯的皮岛总兵毛文龙），钱龙锡实不应负主要责任。再者，从历朝历代来看，从未有圣明帝王无故诛杀士人的，但自崇祯帝登基以来，已经有九位阁臣遭受重谴，如此君臣关系，只能令四夷看笑话。黄道周特别强调自己"闭户半生，独立无徒"，绝无朋党之私。但如果钱龙锡能免于一死，他愿意请缨出关，去前线为国立功。

奏疏呈上之后，崇祯帝盛怒，两次严旨切责，要黄道周解释清楚奏疏中所谓"为毛文龙报仇""诛杀士人"等言论，这说明黄道周的奏疏是有效果的，对崇祯帝是有所触动的。而黄道周在第三道奏疏中所说的"区区寸心，但为国体、边计、士气、人心留此一段实话"，无疑也具有打动人心的力量。就连首辅周延儒、太监王坤等原来站在东林党对立面的人，也不禁意回心动。但崇祯帝为了维护面子，仍然以"曲庇罪辅"之名，将黄道周降了三级，让其听候调用。数月之后因大旱下诏求直言，刑部尚书胡应台、给事中刘斯琜等人乘机请求宽恕"罪辅"钱龙锡。崇祯四年（1631）五月，钱龙锡终于获释，改戍定海卫，他对黄道周终生感激。

但是，黄道周自己的麻烦才刚刚开始。

第二十二章

与崇祯帝的第一次交锋

上文说过，崇祯四年（1631）二月，礼科上疏弹劾黄道周前一年"非法割榜"之事。虽然经过调查证实，黄道周并无过错，但在错综复杂的政治斗争形势下，他最终还是在十一月以"阅卷不明，割榜非法"之名被罚俸一年。原先已降职三级，现在又要被扣一年工资，对于家境富裕之人来说，不值一提；但对平素清贫，除了俸禄之外没有其他收入来源的黄道周来说，是屋漏偏逢连夜雨。何况十二月二十一日，蔡玉卿在京城生下长子黄麑，虽喜添新丁却户无余粮，一家四口，嗷嗷待哺，生活之窘迫可想而知。黄道周不禁长叹："长安米贵，居大不易哉！"

黄道周所言，其实是借用南宋诗人尤袤《全唐诗话》中有关白居易的典故。据说当年白居易还没什么名气时，带着自己的诗集去拜访前辈诗人顾况，顾况一看这个年轻人的名字，就开玩笑说："长安米贵，居大不'易'，何况'白居'！"不过，当读到"野火烧不尽，春风吹又生"（《赋得古原草送别》）时，顾况大为叹服，说道："能写出如此好诗，居住于长安倒也不难！"于是，这个故事传为一时佳话。而对于被罚俸的黄道周来说，在生活成本极高的京城度日如年，确实有"居大不易"之感，倪元璐、魏呈润等好友已经帮衬过好几回，或送钱财，或助米薪，黄道周觉得自己不能再给他们添麻烦了。

蔡玉卿明白夫君的意思，只轻轻拍着怀中啼哭的稚子，应声说道："田园将芜，胡不归！"她用的是陶渊明《归去来兮辞》中的名句。两人相视一笑，决意远离这是非之地。至少，家中还有那几间草庐、几分薄田可以度日。

但是，在归乡之前，黄道周始终觉得难以安然离开京城，有些话如鲠在喉，不吐不快。经过几天的思索，崇祯五年（1632）正月二十四日，儿子刚满月没几天，他写下了一封长达两千余字的奏疏，这就是令崇祯帝震怒的《放门陈事疏》。所谓"放门"，就是黄道周以患病为由申请离京回乡养病，依惯例请旨开门放行；而"陈事"，则是黄道周要向崇祯帝陈述的关乎国家治乱的大事。奏疏中有这么一段话：

> 臣自少学《易》，以天道为准，以《诗》《春秋》推其运候，上下载籍二千四百年，考其治乱，百不失一……其法以春秋元年己未为始，加五十有五，得周幽王甲子，其明年十月辛卯朔日食。以是上下中分二千一百六十年，内损十四，得洪武元年戊申，为大明资始，戊申距今二百六十四年，以《乾》《屯》《需》

《师》别之，三卦五爻，丁卯大雪入《师》上六，是陛下御极之元年正当《师》上六，其辞曰："大君有命，开国承家，小人勿用。"自有《易》辞告诫人事，未有深切明著若此者也……

这封奏疏，正体现了黄道周一直坚持的以学术经世济民、以天道约束君王的思想。他运用《周易》象数学向举措失当的崇祯帝提出严正警示，而这种方法来源于北宋思想家邵雍。

邵雍（1011—1077），字尧夫，号安乐先生，与周敦颐、张载、程颢、程颐并称"北宋五子"，尤以研究《周易》著称于世，代表作有《皇极经世》。他的弟子张峸概括其学问特点，说："先生治《易》《诗》《春秋》之学，穷意、言、象、数之蕴，明皇、帝、王、霸之道，著书十万余言……本诸天道，质以人事，兴废治乱，靡所不载。"邵雍本于阴阳，立足四象，采取"加一倍法""元会运世"等数学推演的方式，分析、归纳宇宙生成与运行的规律，从而把握《周易》中道的本质，试图达到理解世界、解释世界的目的。

邵雍治《周易》的理念与方法对黄道周影响颇深。黄道周正是有感于朝纲不振、国事多艰，故以《周易》六十四卦来推断历年，试图借天道以明人事，其用意在于劝谏崇祯帝亲君子、远小人。当然，他的算法与邵雍有所不同。

在奏疏中，黄道周将《春秋》纪年之始——鲁隐公元年（己未年，前722）作为一个计数的起点，加上55（当是据《河图》之数，也就是《系辞传》所说的"天地之数五十有五"），则为公元前777年，即周幽王五年（甲子年）。"其明年"即周幽王六年（乙丑年），也就是公元前776年。黄道周以此年上下中分2160年，减去14（当为2160年中历数之岁差），即得2146，而洪武元年（戊申）为1368年，1368加上776，正好是2146。也就是说，从鲁隐公元年（前722）到明洪武元年（1368），刚好是黄道周所推算历年的一个轮回。为何把明朝视为一个新起点？因为太祖朱元璋灭元，恢复华夏对中原的统治，被黄道周认为是继承《春秋》尊王攘夷的一个崭新的开端。所以，他又从《周易》首卦《乾》之《象传》中取"大明资始"四字，为明朝建国披上一层神圣的易学色彩。而此时是崇祯五年（1632），距洪武元年（1368）已有264年，黄道周按《乾》《屯》《需》《师》诸卦分爻值日，推算出一卦值六十七年一百零五日，一爻值十一年七十七日有余，得出崇祯帝登基元年一直到崇祯十一年（1627—1638）正当《师》卦（☷☵）之上六，故黄道周以《师》卦的上六爻辞"大君有命，开国承家，小人勿用"警示之。

看到这里，我们终于明白：黄道周采取这种以《周易》象数学结合汉代卦气说来推断朝代兴衰更替的做法，用意是通过强调《周易》的神秘力量来警醒君王。《周易》本是上古卜筮之书，其中呈现出来的卦象与术数被普遍认为可以用来预测国之大事，再结合其卦爻辞及《彖传》《象传》中包含的义理，综合运用了神学与哲学来告诫统治者要听天命、走正道（如他在奏疏中劝谏崇祯帝要亲君子、远小人），否则就会有灾难发生。

乾清宫内，御书桌旁，崇祯帝双手微微颤抖，远处侍立的几个太监低头弓背，鸦雀无声。让崇祯帝备感生气的，倒不是《放门陈事疏》中那些神奇的数字，《师》卦的意蕴，其实他也不甚了解。但黄道周奏疏中的"曾未四年，而士庶离心，寇攘四起，天下骚然，不复乐生""片言可折，则葛藤终年；一语相违，则株连四起"这样的直言批评，深深刺痛了崇祯帝的心。"多少个批阅奏章的不眠之夜，多少个希望落空的落寞瞬间，甚至多少次无助地对着母亲刘太后画像偷偷落泪，黄道周，你能理解吗？好，既然你说'非敢穿凿附会，以渎圣明'，那就再给你一个机会，把话说清楚。"

于是，在同意有司予以开门放行的同时，崇祯帝要求黄道周解释奏疏中所言之事，即"葛藤""株连"到底指什么，如何解决各处寇乱，合适的将才有哪些。崇祯帝要黄道周将此"明切奏来"！

黄道周二话不说，又上《放门回奏疏》，明确告诉崇祯帝：目前阉党余孽、权谋小人正在利用边疆战事、科举考试二事吹毛求疵，株连陷害；青州矿徒、淮上盐徒乃至登州叛卒发起的动乱，只要审时度势、避实击虚，不难成功；而一旦明辨君子小人，天下何愁无材可用，马如蛟、惠世扬、曾樱等十余人都是可用之材。平心而论，黄道周在《放门回奏疏》中的议论、规划与推荐，是切中要害又富于远见的。

《放门回奏疏》中，还有一段精彩的对比：

> 以臣所学载籍睹记：直亮刚方必为君子，脂韦荏苒必为小人；仁闵宽宏必为君子，鸩鹫狡险必为小人；乐善闻过必为君子，好谗悦佞必为小人；难进易退必为君子，竞荣图宠必为小人；非道不蹑必为君子，他途借进必为小人。持此五者，衡量天下，十不失一。

二月初一，文渊阁中内阁大臣的例会迟迟未能结束。听着这样淋漓尽致的"君子小人"之辨，参会的几位御史击节赞叹。首辅周延儒、阁臣温体仁两人却相视不语，不约而同地在票拟上写下"滥举、逞臆"。

果然，这封奏疏几天之后就被驳下，朱批正是"滥举、逞臆",就是说黄道周胡乱举荐、随意臆测。答案已然明朗:黄道周推荐的人多为反对阉党、正直忠谏之士,有些仍身陷囹圄,如马如蛟因主持武科考试而触忤太监,被劾入狱;惠世扬则是阉党捏造的《东林点将录》中与杨涟、左光斗等人并列的所谓的"五虎将"之一。周延儒、温体仁,作为上述揭发钱谦益科考案的受益者,此时正是最受崇祯帝信任的内阁大臣,因此黄道周弟子洪思认为《放门陈事疏》中所说的"小人"就是指此二人。后来,温体仁为争夺首辅之位,想方设法将周延儒排挤出朝廷,正印证了"君子周而不比,小人比而不周"(《论语·为政》)之语。《明史》"奸臣传"中,此二人亦赫然在列。此是后话,暂不详述。

这样看来,黄道周不仅得罪了崇祯帝,也得罪了阁臣。处罚结果随之而来——"削籍",也就是革职除名。多年寒窗苦读,一朝付诸流水,黄道周又成了平民百姓。

但黄道周并不在乎。在"人治"的社会里,处处充满矛盾,真正的读书人必须"知其不可而为之",为了不让小人牢牢把握话语权,他们只能寄希望于"格君行道"。

这一年,黄道周虚龄四十八岁,崇祯帝二十二岁。也许这位年轻的天子要到几年以后,才能理解黄道周所说的这些话。到那时,离黄道周的复出也就不远了。

第二十三章 人文与天文之间

北上匆匆，南归缓缓。

崇祯五年（1632）二月初九，在生日当天，黄道周骑着一头瘦驴，携妻带儿启程南下。春雨濛濛，回望渐行渐远却仍显巍峨的京都城墙，他想起了陆游的诗句"此身合是诗人未？细雨骑驴入剑门"。壮志难酬，古今同慨。为什么一片忠心、两袖清风，却落得被革职的下场？这么多年苦读"四书""五经"、圣人之言，难道错了吗？带着些许惆怅与疑惑，他决定去山东走一趟，到孔孟故里、周公旧邦去寻找答案。

其实，他在《放门陈事疏》中已经有所反省："自二年以来，以察去弊而弊愈多，以刑树威而威愈殚，是亦反申商以归周孔、捐苛细而振宏纲之秋也。"这里的关键词，正是作为"申商"对立面的"周孔"。

申商，指申不害与商鞅，均为战国时期法家的代表人物；周孔，就是周公和孔子，为先秦时期儒家的代表人物。周公，即姬旦，周文王之子、周武王之弟。周武王死后，儿子周成王年幼，周公摄政，平定内乱，制礼作乐，巩固邦本，其治政以德为先、以民为本，对后世产生了深远的影响。先秦时期的山东，主要包括齐国、鲁国，而鲁国正是周公的封地。虽然周公并没有实际到任，但他的儿子伯禽成为鲁国第一任国君，鲁国也保留了最为完善的礼乐制度。孔子作为殷商后裔，从宋国移居鲁国曲阜，在深入比较夏、商、周三代礼乐之后，倾心于周礼。他说："周监于二代，郁郁乎文哉！吾从周。"（《论语·八佾》）他称道"周公之才之美"（《论语·微子》），并感叹"不复梦见周公"（《论语·述而》）。因此，孔子通过对"六经"的整理与重构，与周公建立了跨时空的对应关系，并在担任鲁国司寇期间推行礼治，施以仁政，使鲁国闻名于诸侯。

孟子最早提出"周孔之道"，认为中原华夏正是通过礼乐文化影响、改变四夷的。司马迁则以弘扬"周孔之道"为己任，他在《太史公自序》中说："从周公去世后到孔子，过了五百年；孔子去世后到今天，又过了五百年。有谁能绍续'六经'，继承他们的事业呢？"这说明司马迁正是以周孔为榜样，立志传承中华文化，所以才忍辱负重，创作《史记》，希望能藏之名山、传之后世。《史记》包括八书、十表、十二本纪、三十世家、七十列传，司马迁把布衣出身的孔子归入本为诸侯立传的"世家"之列，又将《礼》《乐》置为"八书"之首，体现了"治定功成，礼乐乃兴"的王道理想。

后来，历朝历代无论是合祀还是分祀，皆将周公、孔子，视为华夏文化的代表。到了唐代，韩愈有感于本土儒学衰落而外来佛教大盛，愤而作《原道》，追溯儒家道统。他认为周公兼有事功与言论之长，倾向于君王一系的"治统"，而孔子则开创儒家"道统"，传诸孟子，这就是孔孟并称的"仁义之道"，此后逐渐取代了周孔并称的"礼乐之道"。韩愈的道统观影响了宋代儒者，程颢、程颐、朱熹、陆九渊等大儒纷纷以接续儒家道统自任。

在这个时候，黄道周重提"周孔"，有其特定的时代背景。北宋以来，随着周孔之道向孔孟之道演进，儒家经典逐渐从"五经"转向"四书"，经学也相应地向理学演变。经学以"五经"为旨归，侧重"外王"，故提倡礼乐之道；而理学以"四书"为核心，侧重"内圣"，致力于仁义功利、心性理气之辨。明代儒学承宋元而来，其主流也是程朱理学，故有"宋明理学"之称。同样，明代也更重视"四书"，明代府、县二级考试专考"四书"，乡试、会试最重要的初场则试"四书"义三道、"五经"义四道，也是先"四书"而后"五经"。面对经学衰微、儒家经典仅仅成为科考敲门砖的现状，黄道周力倡回归周孔之学，试图通过弘扬"五经"、振兴礼乐来拯救时弊。此前在翰林院庶常馆期间，他写过一篇策论——《经纶天地之谓才论》，提出要回归周孔、返归"六经"，光大礼乐文明。如今，经历了几年宦海沉浮，他有了更深入的思考：明朝君主集权专制统治日益加强，对大臣动辄以"廷杖"相待；除传统的刑部、都察院、大理寺三法司外，更设有锦衣卫、东厂、西厂、内行厂这样的特务机构，大肆罗织，人人自危；朝廷官员之间不以礼义为重，而是党同伐异、争权夺利，这是以儒家思想治国该有的面貌吗？面对这样的反常现象，黄道周提出要"反申商以归周孔"，由此遂有曲阜之行。

北京自然也有孔庙，不过山东曲阜除了孔庙、孔府、孔林之外，还有周公庙。作为被削籍之人，孔庙、孔府是不方便去了，黄道周决定先去拜谒孔林。从济宁过兖州，行约九十里至曲阜北郭，再走五里地就来到了孔林。孔林是孔子及其后裔的家族墓地，孔子墓位于孔林中部，清风肃肃，松柏森森，前立石碑，其上有篆书"大成至圣文宣王墓"。黄道周悲从中来，不禁伏地叩首，心中默念："天下多故，社稷倾危，后学愚钝，弘道不力，惟我夫子，善庇佑之！"

孔林往东一里左右，即为周公庙。周公谥号曰"文王"，在宋真宗时被追封为"文宪王"。故其庙亦称文公庙、文宪王庙、元圣庙，本为鲁国太庙，后来荒废，汉以后历代皆有重修，最近一次修缮是在万历二十二年（1594）。那一年黄道周十岁，如今红墙也已斑驳。穿过棂星门，便见东西两侧各有一个嘉靖三年（1524）所立的石牌坊，分别悬有写着"经天纬地""制礼作乐"的匾额，这八个字正是周公德政之写照。庙有三进深，黄道周穿过成德门、达孝门，看到了元圣殿，不过朱红大门紧闭，门前庭院中有位老人正执帚清扫落叶，专心致志，不疾不徐，好像正在进行一件要用尽一生去做的事。

黄道周近前鞠躬，说："老人家，元圣殿门可否开启？后学南归故里，特意来此瞻仰周文公。"老人抬头看了他一眼，微微颔首，说："心存圣贤，何时不可入其门？您请进就是了！"说完，他又继续扫地。黄道周长揖，缓步上前推门，果然"咿呀"一声，门顺手而开。只见殿内整洁庄严，殿中神龛内端坐着周公塑像，红颜白须，旒冕衮服，手执镇圭，神态安详，黄道周的心不知不觉也安定了下来。

此次朝圣，除了前往孔林、周公庙之外，黄道周还探访了尼山、洙水、梁公林，以及孟林等古迹名胜，并创作组诗十二章以记录此行。其中有一首是这样写的：

> 二千百八此分中，合有阿谁证圣功？
> 天道自然依礼乐，物情不易反淳厖。
> 重生遗树犹象纬，三厄归魂尚斗虹。
> 人世眼前难辨得，陬槃初不讳途穷。

诗中，黄道周将"周孔之道"放在长时段的历史进程中加以考量，即使暂时遇到坎坷穷途，仍然坚信礼乐乃天道自然，人性终将复归淳朴。他正是带着这种强烈的人文自信辞别圣地曲阜，继续踏上返乡路程的。

接下来，黄道周改走水路，沿京杭大运河南下，到达南京时，已是四月二十八日，而五月初四正是夏至。为何他要赶在夏至之前抵达南京？因为那里有著名的观象台，观象台上有他心心念念的元代天文学家郭守敬创制的测天仪器，他要在夏至这天登上观象台。

郭守敬（1231—1316），字若思，河北邢台人，元朝天文学家、数学家、水利学家和仪器制造家，被英国的科学史学家李约瑟称为"中国科学史上最杰出的人物"。他参与编制且最后定稿的《授时历》被明朝改称为《大统历》并沿用；而他制作发明的浑仪、简仪，此时正安放在鸡鸣山巅的观象台上，静静地等待黄道周的光临。

浑仪，是中国古代以浑天说为理论基础制造的一种天文观测仪器；简仪，则是郭守敬将结构繁复的唐宋浑仪简化为两个独立的观测装置，并安装在一个底座上的实用测天仪器，比欧洲类似发明早了三百多年。

黄道周不仅善于动脑，还勤于动手。但很少人知道，他年轻时曾仿制过浑仪。《榕坛问业》卷十载其自述：

某少时尝作浑仪，取日完璧，规而圆之，分道黄赤，各逾三百六十；取月半圭，剖圆三分，离为九道，各绌日周十三度十九分度之七，如一半瓯，周于九道，或出黄赤之东西，或出黄赤之南北。

"三百六十"，即中国古代天文学中的周天之数，而"十三度十九分度之七"，则是月亮绕地球公转的度数。限于条件，黄道周制作的浑仪应当是比较简陋的。因此，他对郭守敬的浑仪可以说是心仪已久。郭守敬创制的简仪、仰仪，以及改造过的浑仪等仪器皆安置在元大都天文台上。明洪武元年（1368），大将徐达攻克元大都后，将天文台的所有天文仪器运往南京，其中就包括浑仪和简仪。据《明史·天文志》记载，北京的浑仪、简仪是以南京为母本仿造的。万历二十三年（1595），也就是黄道周十一岁那年，意大利传教士利玛窦曾经造访鸡鸣山观象台。当看到这些历经数百年风雨仍熠熠生辉的仪器时，他不禁感叹道："铸以青铜，制作精美，装饰华丽，其宏伟雅致非欧洲所能匹敌。"

崇祯五年（1632）五月初四，夏至日的正午，黄道周立于鸡鸣山观象台上那座重环嵌套、气象非凡的浑仪面前，心潮澎湃。他的左手边是相风旗，右手边是量雨筒，日晷、简仪、坐更台等罗列四周，身边则是几位慕名而至的南京钦天监官员。他们早就或拜读，或听闻过黄道周的《三易洞玑》，故黄道周一提出申请，观象台的大门就破例为他敞开。经过两天的观察，他有了新的发现，比如日晷显示的刻度误差与他去年在北京冬至日所测的一样，都与《大统历》所载有所出入，这让他更坚信自己一直以来以《易》解历，将《易》、历、律相融的想法。

实际上，根据李约瑟的考察，中国天文学非常依赖对极星附近和赤道附近的恒星的观测，而欧洲的天文学主要靠观测天体在黄道坐标系中的运动。这是两套完全不同的天文学体系，双方由此产生的误解一直到19世纪末才得到澄清。而黄道周在中国传统天文学的基础上，更有自己的创新，他在《三易洞玑》引言中说：

> 凡观是书，须笃信周孔……凡观是书，须弘纳前哲，知甘、石、平、闳、焦、京、寻、奉、雄、衡、马、郑、宣、洪、管、郭，皆合经之一体，然后渐次以领道趣……凡观是书，须洗心研虑，以敬静为本，履仁蹈义，屏绝嗜欲，不求世人名誉，然后可固聪明，损益百世。

这里黄道周列举了诸多历史人物，除了周孔之外，既有天文学家甘德、石申、落下闳、张衡等人，也有经学家马融、郑玄，还有焦赣、京房等易学家。由此可见，黄道周的天文历法之学是与经学（特别是易学）紧密结合在一起的，是以周孔为本、以仁义为宗、以济世为用的自然与人文综合的体系。但之前在北京期间，当把这个观点与精研西洋天文历算、正在主持修纂《崇祯历书》的徐光启进行交流时，他却得到这样的答复："《易》自是《易》，律自是律，与历何干，而能证发？"君子和而不同，他也不好再说什么。

如今，黄道周头顶烈日，指画口授，滔滔不绝，而身边的南京钦天监官员却似懂非懂，将信将疑，让他感到一丝无奈。或许，自己应该像先师孔子一样讲学传道、培育人才，相信会有更多的年轻人能够理解、传播自己的学说与思想。

是的，他想办一座书院。

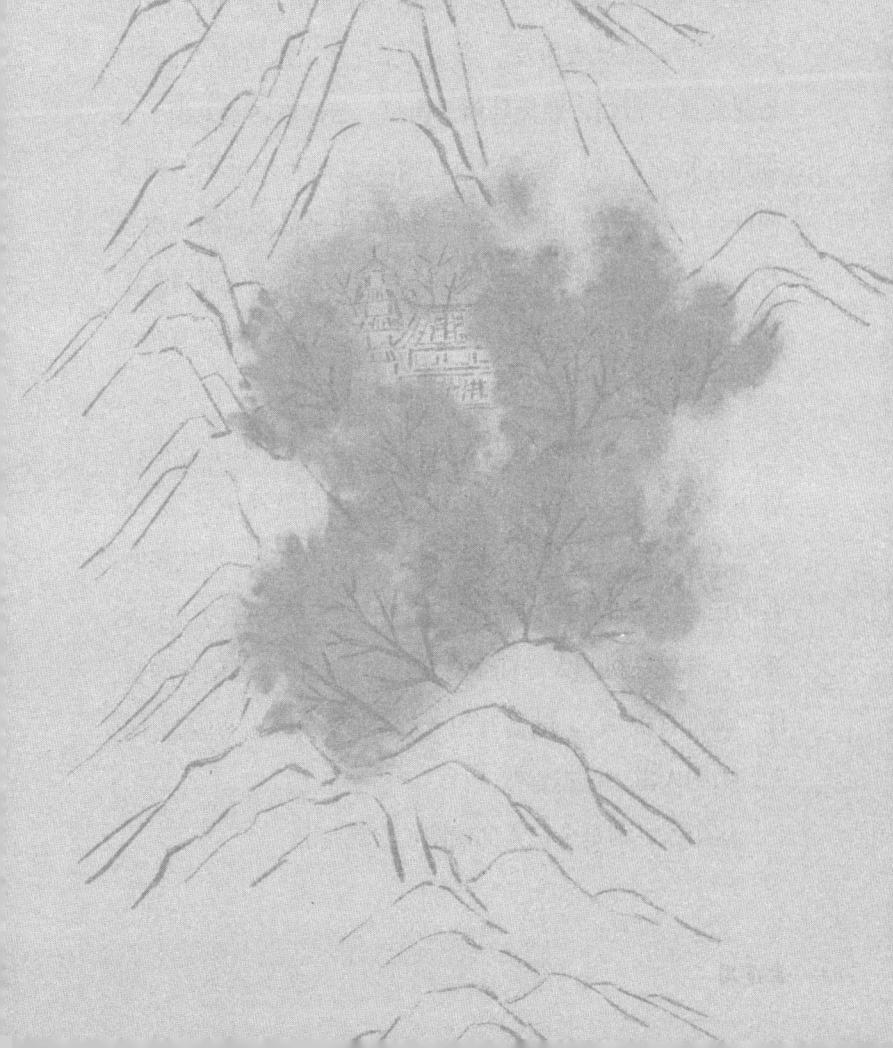

第二十四章
创立大涤书院

令黄道周没想到的是，愿望会实现得如此之快。

除了曲阜与南京，黄道周在此次返乡途中，还游历了东南吴越一带的名山胜景。黄山、九华山、庐山、茅山、太湖等皆为其杖履所及，他还写了许多山水诗篇。同时，他见郑鄤于常州，遇杨廷麟于南京，与徐霞客游太湖、下苏州，抵掌而谈，畅叙别后之情。此时年未五十，脚力尚健，名山故友两相逢，这是黄道周生平最惬意的一次旅程。在这次旅程中，有一座山，有一个人，使黄道周真正开启了书院讲学的历程，此后一发不可收拾。而黄道周也因此被视为明末讲学运动的标志性人物之一。

这座山，就是大涤山。大涤山，古名大辟山，在浙江杭州余杭西南，前人称"此山清幽，大可洗涤尘心"，故更名为大涤山。山麓有著名的道观"洞霄宫"。历代多有名人雅士游历此山，如举荐过李白的道士吴筠曾隐居于大涤洞，苏轼在杭州太守任上曾多次游览此山，名臣李纲曾任"洞霄宫提举"，陆游写过《洞霄宫碑记》……人为山来，山因人重，自古皆然。

这个人，则是余杭人何瑞图（字羲兆）。

前文说过，崇祯三年（1630），黄道周主持浙江乡试，录取举人九十八名。浙江可谓人才渊薮，被黄道周称为"吾乡先正"的林偕春，正是在浙江提学副使任上的一次补试中慧眼识名士陶望龄。而在黄道周这批门生中，亦多特立独行之士，如海宁朱朝瑛（字美之），沉静渊默，潜心经学，黄道周称其能洞见一方且多有创意；杭州曹振龙（字木上）为本次乡试解元，前途一片光明，却不求仕进，隐居治学，深为黄道周所叹赏。而在众多门生中，家贫力学、为人孝友的何瑞图与黄道周最为投缘。

七月中旬的一个午后，何瑞图正在窗前读书，役人传来一封书信。他打开一看，大喜过望，高呼："吾师石斋先生要来余杭啦！"他马上简单收拾行李，辞别家人，前往余杭北路驿道迎候黄道周。

在余杭，黄道周游览的第一站不是大涤山，而是径山。径山一带据说是唐代茶圣陆羽探茶、种茶、撰著《茶经》的地方。径山寺为禅宗名刹，寺内存有宋代铁佛。何瑞图陪黄道周漫游径山，并登上最高峰——凌霄峰。放眼四望，群山纵横，回峦曲折；居高临下，只见山阴多竹、山阳多枞，山中有十数条小径，各通幽奇之境，"径山"之称，名不虚传。黄道周饱览美景，考察地理，作《径山诗》四章、《登凌霄》八章，可谓收获颇丰，如果不是下山途中淋雨受凉，此次径山之旅，堪称完美。

下山途中，师生两人虽带着雨伞，但风急雨大，沿途没有避雨之处，等找到山脚下一间草舍时，两人已湿透，又无干燥之物可供取火，只能拧干衣服，静待天晴。又因吃了些冷食，第二天，何瑞图头痛欲裂，黄道周则患了腹泻之疾，是回杭州与暂时寓居在那里的妻儿相聚、休养，还是到余杭城中寻医问药？

何瑞图手抚额头，踌躇片刻，说："先生，不远处就是大涤山，山下有洞霄宫。少时我曾读书山中，与宫中道人相熟。不如我们勉力行至洞霄宫，休息数日，待痊愈再做打算，您意下如何？"

黄道周点点头，说："我早就听闻洞霄宫中有李纲、朱子二先生祠，此行正想前去瞻仰。如若先回杭州，不知何时可再至余杭。我们就去大涤吧！"

于是，二人互相扶持，缓缓向大涤山前行。何瑞图处处照顾老师，倒也忘了自己的头痛；而黄道周只觉得双腿似乎挂着秤砣，走到能远远望见洞霄宫处时，不过寻常一段路，却已经累得喘不过气来。"或许是以区区待罪之身，不思闭门悔过，反而放浪山水、快意江湖，故有此劫吧！"他自我解嘲道。

如今的洞霄宫，已不复当年繁华，只见古瓦残碑，草木丛生。宫中只有几位上了年纪的道人，倒也还认得何瑞图。他们为黄道周腾出一间寝室，仅容一人栖身，何瑞图只能借住于东侧的李朱二贤祠中。黄道周说:"不须劳烦道长,我和羲兆一同暂居于祠中即可。"

这是一个令何瑞图难以忘记的夜晚,和老师的彻夜长谈,从此改变了他人生的走向。

一碗热粥、半碗姜汤,让师生二人恢复了些许元气。对祠中神龛内的李纲、朱子牌位行完礼,黄道周倚墙而坐,问何瑞图:"汝可知此处为何祀李伯纪、朱紫阳?"

何瑞图说:"学生略知一二。此观原名天柱观,北宋真宗大中祥符五年(1012)改名为洞霄宫。宋南渡后,常让退位的大臣任'提举洞霄宫'。李纲在建炎元年(1127)罢相后,为观文殿大学士、提举洞霄宫;朱子晚年亦自请担任提举洞霄宫,故后人将他们合祀于此。"

黄道周点点头,说:"李纲、朱子的遭遇,实与北宋、南宋的气运相始终。李纲曾献御戎五策,刺臂血书,矢志抗金;朱子则屡上封事,严华夷之辨,申明与金人有不共戴天之仇。二人立朝时日皆短,李纲为相七十五日而罢,朱子侍讲经筵四十六天而归,贤人遭贬,天不助宋,也是无可奈何之事。但是李纲以诚明之学开导君王,朱子以格物致知启发士人,其经世济民的精神却是一致的。我想,这正是后人纪念他们的原因所在。目前国事艰难,外患内忧,人心不安,读书人更须立定脚跟。斗转星移,人生短暂,能否被后人记住,并不是我们所要考虑的事情,只要有一口气在，就不能不追求诚明至善之境界，不能不坚持格物致知之路径。"说到这里，黄道周若有所思，兀坐不语。

何瑞图听得入神，看老师停了下来，反倒愣了一下，随即坚定地说："先生，当年瑞图先祖何中丞曾有感于岳武穆之精忠报国，慨然为其鸣冤，惜乎奸人作祟，忠臣受戮。先祖为之扼腕终身，子孙为避秦桧之害，一度星散各地。瑞图有感于此，故亦不愿出仕，惟以隐居读书度日。今日闻先生之言，当正心诚意，三思而行，为国计民生略献绵薄之力。"

原来，何瑞图是南宋名臣何铸的十七世孙。绍兴十一年（1141），秦桧以"莫须有"的罪名，将岳飞下狱，命时任御史中丞的何铸对岳飞进行逼供。岳飞正气凛然，其当庭袒露的背上"尽忠报国"四个大字深入肌肤。何铸为之震惊，故察其冤，不愿屈从秦桧。但秦桧一心置岳飞于死地，改命心腹万俟卨续审，最终酿成千古奇冤。

黄道周激动地起身说道："原来羲兆是何铸先生后人，何中丞以诚、孝劝谏徽宗，又尽力挽救忠良，《宋史》皆有记载，难怪君之家风醇正，渊源有自。"说完，黄道周对着何瑞图就是一个长揖。

何瑞图手足无措，连忙鞠躬回礼，说："先生折杀学生了，瑞图当努力不坠先人之志。今日受教于先生，受益匪浅，要是木上、美之他们也能一起聆听先生宏论就好了。"

黄道周笑着说："这倒无妨，改日我写下来，他们亦可知晓。不过，师友讲学，切磋琢磨，当面请益，却是纸上探讨所不能替代的。故孔夫子有言'德之不修，学之不讲，闻义不能徙，不善不能改，是吾忧也'。此次南行，我有筹建书院、讲学明道的念头，不过此举着实耗费时力，难以立成，只能留待他日了！"

在摇曳的烛光中，何瑞图暗下决心，要尽己所能，帮敬爱的老师建一座最好的书院，使同年学友乃至更多的人能够共学适道。

第二天，两人觉得身体已有好转，便决定去探寻大涤山诸洞。他们花了几日时间，遍览大涤、栖真、归云、龙蜕、凤鸣诸洞，探赜寻幽，搜奇览胜，惊叹于大自然之奥秘。

如大涤洞，入口狭小，但洞内宽敞，上下平正，就像有人用斧头大力削斫过一般。洞中九曲，光线若隐若现，一出洞口，豁然开朗，一条小溪正从洞侧流过。

归云洞是另一番光景。洞中一片漆黑，须手持火把而行，跌跌撞撞之际，忽然一群蝙蝠扑啦啦飞出来，吓了他们一跳。再往里走，地上逐渐潮湿，眼前出现一片黑色洼地。黄道周拉住何瑞图，捡起一块小石子向前一扔，扑通一声，原来是一潭积水，不知深浅几许。黄道周想，要是徐霞客在就好了，他一定有办法通过这个山洞的。眼看火把已燃了一半,他们只好原路折回,洞内深处的风景,只能留待日后再来探寻了。

到了第七天,黄道周感觉身体已经痊愈,大涤山景致也已欣赏十之七八,是时候辞行了。他环顾四处,恋恋不舍地说:"大涤山灵水秀,草木葱茏,而龙蜕、栖真等几个洞穴颇似我故乡铜山石室,倒是个读书讲学的好地方。"

何瑞图微笑着说:"学生所思,与先生略同。先生稍候,木上他们应该快到了。"原来,几天前,何瑞图已托人捎信给曹振龙等人,表达了在大涤山修建书院之意,诸同人纷纷响应,约定今日前来共襄盛举。

果然,到了中午时分,曹振龙、朱朝瑛、钱朝彦等同年举人十余人从四面八方齐集洞霄宫,还带来了工匠及几车木头、砖瓦。师生齐心协力,共辟荆榛,初步修筑了几间房屋。黄道周的第一座书院,就此诞生了。

中国私人讲学的传统自孔子开始,而书院之名则肇于唐代。据《旧唐书·职官志》《新唐书·百官志》等史料记载,开元五年(717),唐玄宗组织文士于东都洛阳乾元殿校理经籍,并于次年将乾元殿更名为丽正修书院(后又改称为集贤殿书院),这是目前已知"书院"之名的最早出处。设立之初,书院的基本职能是修书、校书、藏书,但其文化传承与学术研究的特质,也影响了后世书院的发展方向。此后,书院的属性由官方修书机构向私人教育组织演进，在历经一千余年的漫长历程中，逐渐形成了独具中国特色的书院文化现象。一般认为书院教育的本质特征是"私人藏书聚徒讲学"。作为私学的高级形式，书院与科举既保持一定的距离，又很难脱离关系。由于其独特的价值取向与教学方法，在培养人才、传播儒家文化、促进学术创新等方面，书院起到了官学无法替代的作用。历史上岳麓书院、白鹿洞书院、东林书院、鳌峰书院等著名书院人才辈出，甚至影响了中国文化的发展进程。

值得一提的是，南宋朱子、张栻、陆九渊、吕祖谦等理学家的讲学活动对书院的发展具有极大的促进作用，书院逐渐成为讲明道德义理、培养经世人才、开展学术研究、宣扬学派思想的重要场所。到了明初，朝廷大力发展官学、强化科举考试，书院发展缓慢，直到正德年间王守仁、湛若水心学思潮兴起之后才得以振兴。天启初年，东林士人邹元标、冯从吾在京城创建首善书院，四方学者荟萃，为一时之盛。如前所述，黄道周好友周起元曾数次邀请他到首善书院，但他不愿陷入党争风波，故辞谢未往。如今黄道周无官一身轻，又志在传道授业，开启书院讲学可谓正当其时。

八月初一，黄道周带着众弟子，先到书院左侧的二贤祠中参拜朱子、李纲，随后移步大涤书院，以诚明、格致为主旨，开始了他的第一次讲学。后来，他又先后在崇祯十一年（1638）、十五年（1642）、十七年（1644），四次在大涤书院讲学，留下了著名的《大涤问业》等文献。明清易代之后，风云跌宕，世事变迁，直到清道光年间，当地人才将黄道周与朱、李并祀，洞霄宫二贤祠遂成为三贤祠。黄道周也和他崇敬的先贤一样，成为后人瞻仰的偶像。

自崇祯五年（1632）八月以后，何瑞图除了热心参与家乡公益事务之外，便以书院为家，左手执经，右手抱锄，苦心经营，众门人也各尽其力，使书院日益完善，成为余杭一处人文胜地。十四年后，黄道周慷慨就义，何瑞图于恸哭之余，收集先生殉国前八十日内所作诗篇三百一十一章，汇编为《石斋逸诗》，恭奉于先师灵位之前。他又与同门吕叔伦汇集先生著述为《大涤函书》六卷，并刊行于世。此后何瑞图终身不入城市，寄身于洞石林泉，有时雷雨骤至仍独坐山隈。或许此刻，他正回忆着与先生共度风雨的时光。

多年以后，当人们再来寻访，大涤书院遗址已无片砖只瓦可供凭吊，唯有落花不语，芳草萋萋。然往日讲学因缘、师友风义，犹存于天地之间，不可遏绝。

第二十五章

榕树下的"万能先生"

客行虽云乐,不如早还家。

大半年来一路南下,一路漫游,黄道周纵览胜景,乐在其中。不过,家乡的青山绿水,也常在他的梦中出现。特别是当他登上九华山,尽观诸峰之秀时,脑海中不禁浮现漳浦的梁山。是啊,梁山也有九十九峰,一一与九华山相似,甚至有过之而无不及。当登临黄山莲花峰,饱览奇松怪石,坐卧云海之间时,他又不禁想起平和的大峰山,大峰山也有三十六峰,一一与黄山相似,甚至有过之而无不及。但是,梁山、大峰山僻处闽南,又无名人骚客、奇闻逸事以彰扬之,自然远不如九华山、黄山有名。在这个世界上,这样默默无闻的奇山,如怀才不遇的佳士,不知还有多少呢!黄道周决定为家乡的梁山和大峰山写一篇文章,这就是著名的《梁山峰山赋》。他在登上九华山时写的一首诗,也流露出这样的心情:

除却蜂窠蜗子间,峰峰一一似家山。
月明倚杖过溪水,疑在盘陀岭下还。

古人用"蜂窠""蜗子"代指居住的小屋,九华山处于地质断裂带,加上风化及流水侵蚀,表面有许多类似蜂窝的小孔洞,除此之外,其他方面与黄道周故乡的梁山("家山")极为相似。梁山下有盘陀岭,位于漳浦西南,盘旋在漳浦与云霄交界处,是去铜山的必经之路。是的,黄道周想家了。

只要想家,家就不远。

从黄山下来,经过一个多月的跋涉,在一个初冬的早上,黄道周终于回到了漳浦北山墓庐,此时距离他于崇祯二年(1629)辞墓出山,已过三年。父母之墓,青草离离,墓侧青松,已高达丈余,"徘徊丘垄间,依依昔人居",陶渊明的《归园田居》最适合此情此景。他跪拜于父母墓前,不禁百感交集,悲从中来,泫然泣下。

闽南春夏蒸湿,北山墓区人迹罕至,三年来茅庐屹立不倒。推开门,只见尘灰满地,床上草席已断为数节,书架更是摇摇欲坠,架上数千卷经史子集却依然静静地等待主人归来,即使有些书页的字迹已漫漶难辨。黄道周心有所感,抚书长叹,对蔡玉卿说:"书骨仍在,性命有托。古人常说'道坚于器',果然如此。"

接下来的一段时间,黄道周清理杂草,收拾住所,让妻儿有个栖身之处。北山墓庐,渐次恢复原貌。他空闲时莳瓜种豆,贴补家用。在辛勤耕耘之余,他越发感受到陶渊明这位"农民诗人"的伟大。

这一天,望着北山落日的余晖,他微笑着问蔡玉卿:"润石,你可记得,《世说新语》中有没有关于陶渊明的记载?"

《世说新语》是南朝宋临川王刘义庆主编的一部笔记体小说,记载东汉后期至东晋间名士的言行与轶事,语言简雅,刻画传神,是志人小说的典范。陶渊明是魏晋风度的代表,《世说新语》对他应该有所记录才对。

蔡玉卿停下手中的针线活,略一思索,说:"没有。这倒有点儿奇怪啊!"

黄道周赞许地说:"润石所言甚是,《世说》中确实没写到陶渊明。我想,这应该是高门士族的偏见所致。陶渊明诗酒风流,清操亮节,在五斗禄米与自由性情之间,选择归隐南山、自食其力,'既耕亦已种,时还读我书',比那些只重门第、终日玄谈的士大夫高尚多了。《世说》不收陶渊明,不是陶渊明的损失,反倒是《世说》的遗憾。"

蔡玉卿点头,说:"是啊,我们现在的生活是清苦,但我们问心无愧,自在就好。"黄道周拍了拍她的手,眼里满是笑意。

生活确实清苦。年底,黄道周出游南靖,因有事耽搁,到大年二十九晚上才回到家中。蔡玉卿正一筹莫展,明天就是大年三十,可她还不知道拿什么祭灶王爷呢!黄道周搓搓手，满怀歉意地说："不然，就用朋友送我的伴手礼——南靖笋干来祭灶吧？"

蔡玉卿苦笑道："也只能如此了。"

没想到，就在这个关键时刻，黄道周的一个朋友托人送来了两只熟鸡，真是雪中送炭！不只祭灶，连除夕围炉的食材也有了。黄道周一把将正在蹒跚学步的儿子抱住，高高举起。儿子咯咯笑着，不知道父亲今日为何如此高兴。

大年初一，不时有门生好友登门，狭小的陋室里满是祝福与笑声，东窗下的一盆水仙花，在不知不觉中绽开黄色的眉眼。眼见春回大地，万象更新，黄道周也打开了话匣子，从北方风物到名山胜水，从南京观象到大涤之会，众人听得津津有味，悠然神往。畅谈之余，他们都有一个愿望：黄先生能继续讲学传道，以惠后学。

于是，北山成为黄道周的另一个讲堂。他论"五经"精华，评制艺（八股文）得失，或聚众而谈，或书信问答，求学之人皆如入宝山，未有空手而归者。同时，黄道周有感于当时士子重经轻史、国君用人不明的现状，故从历代史书中取材，斟酌损益，撰成历史人物传记《懿畜前编》《懿畜后编》。

"懿"为美好之意，"畜"即积蓄，其名出自《周易》之《大畜》卦。《大畜》卦（☰）下乾上艮，刚健的天

（乾）处于笃实的山（艮）之下，象征积蓄极大的德行与力量，故《象传》说"天在山中，大畜；君子以多识前言往行，以畜其德"。黄道周撰写历史人物传记的目的是记录历代名臣的嘉言懿行，为后人治国理政提供借鉴。其中，《懿畜前编》自汉至宋取十二人，每人一传，两传一卷，各以行事相比，如首卷为诸葛亮、魏徵，二者皆为君臣之间如鱼得水之典范；末卷为谢安、李泌，二者皆为隐居出仕安邦定国之楷模。《懿畜后编》则取明代杨士奇、解缙、于谦、王守仁等名臣二十四人（附录若干人），记其生平言行事功，或详或略，蕴含着黄道周的史学思想与政治主张。

黄道周在漳浦北山讲学的消息传遍了郡城。崇祯七年（1634），曹惟才以兴化府（治所在今莆田）推官的身份代理漳州府事，郑重邀请黄道周到郡城芝山讲学，一场思想的盛宴徐徐展开。

芝山，原名登高山，位于漳州西北，为漳郡主山。明洪武十三年（1380），因山上出现紫色灵芝，芝山被视为祥瑞之兆。知府徐恭上表道贺，朝廷赐名"紫芝山"，简称芝山。

芝山上原有书院，而且与朱子关系密切。

朱子极其重视书院讲学。他说："前人建书院，本以待四方友士，相与讲学，非止为科举计。"他认为书院是讲学传道、进德修业的场所，层次、境界应当比官学更高。宋绍熙元年（1190），朱子出任漳州知州，考虑到当时漳州文教不兴、俗未知礼，所以首先着力整顿州学、县学，却没来得及在漳州筹建书院。不过他曾登临芝山，认为此地十分适合讲学。三十多年后，危稹知漳，继承朱子遗志，依照朱子当年知南康军时重修白鹿洞书院的规格，在芝山上建"龙江书院"，此后元、明历代皆有重修。龙江书院历来有朱子祠，故也称紫阳学堂，书院中有几棵大榕树，亭亭如盖，故亦称榕坛。黄道周即将在此讲学。

崇祯七年（1634）五月，黄道周正式入主榕坛，与漳郡诸生共同约定，在每个季度的第二个月，也就是每年的二、五、八、十一月雅集，先经后传，经史结合，旁及百家学说，纵论古今思潮，自此掀开了漳州书院讲学的新篇章。从本年到次年，黄道周多次在榕坛讲学，最终形成《榕坛问业》一书，共十二万字有余，黄宗羲的《明儒学案》就引用了其中不少精华，约占《榕坛问业》全书内容的十分之一。清代《四库全书》收录此书，并给予高度评价：

> 其大旨以致知明善为宗，大约宗法考亭而益加骏厉。书内所论凡天文、地志、经史、百家之说，无不随问阐发，不尽作性命空谈，盖由其博洽精研，靡所不究，故能有叩必竭，响应不穷，虽词意间涉深奥，而指归可识，不同于禅门机括，幻窅无归。明人语录

每以陈因迂腐，为博学之士所轻，道周此编可以一雪斯诮矣。

四库馆臣认为，黄道周的《榕坛问业》，以朱子学格物致知、止于至善为宗旨，以学识渊博、问答精彩为特色，远超明代的其他语录体著作。简而言之，其书是"百科全书"，其人是"万能先生"。

榕坛讲学的主要对象是准备参加科举考试的学子，所以黄道周不能不论及科举时文，故每次讲学多先从"四书"入手，并习作八股文，这是出于应试的需要。但黄道周不囿于科举形式，他重视对"四书"义理的深入阐发，引导学生追求至善之境、塑造健全人格；又在讲论中贯穿"明体达用"的思想，以"五经"为根基，涉及天文、地理、经济、军事等诸多领域，致力于为国为民培育真才实学之人，这就使榕坛讲学充满经世济民、为天下计的气息。

儒学的"体用"思想可以追溯至先秦，后历经玄学、佛学的影响，至北宋程颐提出"体用一源，显微无间"而臻于圆融。"体"即本体，与"现象"相对，可以理解为事物的本质存在，比如佛教以"空"为本体，故其修行在于求"解脱"；而道家以"无"为本体，故其处世崇尚"无为"。宋明儒者的本体观念则主要有三种：外在的客观规律（"理"）、内在的主观意识（"心"）、充塞天地的物质实体（"气"），而它们共同的核心，则是儒家的"仁义"与"性善"。到了明代中后期，王阳明以"良知"为心之本体，并有"无善无恶心之体"这样的立教名言。他的本意是启发具有较高智慧与修养的弟子更好地认识"良知"的超越性，但"无善无恶"的说法极易与传统的"性善"说产生矛盾，并与佛、道所主张的空、无观念相混淆；同时，也会造成混同善恶、为所欲为的流弊。晚明心学盛行，如何对其进行批判继承、以实济虚，也是黄道周师生所面对的时代课题。

王阳明曾平定漳南寇乱，申请建置平和县，被平和百姓视为"建县之父"。黄道周年轻时朝拜过王阳明祠庙，对这位兼具学问、事功的阳明先生极为尊重。但他认为，阳明心学是从"龙场悟道"、平定宁王叛乱等九死一生的实践中得来的，而阳明后学的理论则大多数从所谓的"妙悟"中得来。他们口耳相传、冥思苦想，心中一旦有所觉悟，就自以为得道，好比建在沙滩上的房屋，根基不稳，一旦临事，则茫然失措。

鉴于此，黄道周一方面直接上承孟子，以性善为本体，强调"学者须先认至善，认得至善，自然知止"。而格物致知是接近"至善"的必由之路。所以，他又说："千古圣贤学问，只是致知。此知字只是知止……此止字只是至善。"他将王阳明的"致良知"也纳入"致知"之中,体现其会通朱子、阳明的理念。

另一方面,黄道周将修心与致用并重,提倡实学。他说"经世治心,都是要细;明体致用,都是要实"。因此,他的"格物致知"十分重视探索客观事物与自然现象之理,强调要"格于上下,格于鬼神、鸟兽、草木、鱼鳖"。他还以当年前辈郑怀魁引导他重视观察天文为例,来说明在格物致知中实地观测、收集数据的重要性。

在教学中,黄道周并非只顾自己唱"独角戏"。他和孔子一样,十分注重启发、引导、鼓励学生积极提问与质疑,趁机将讨论引向深入,因此师生间常有精彩的问答。

比如,在首期榕坛讲学中,一直沉默寡言的卢君复在临近尾声时突然站了起来,向老师提了一个很尖锐的问题:"学生认为,士人如果不能通经学古,就不足以经世致用。宋儒勤于讲学,阐发性理,批评异端,在弘扬、维护儒家道统方面取得了很大的成就,但是为什么两宋疆域日益缩小,国家实力不如汉唐呢?是不是只重性理之学、不重'五经'之学的缘故?"

黄道周赞许地说:"这真是一个好问题。宋朝刚建立时,周围半是敌国,形势其实比汉唐危险得多。幸亏有周敦颐、二程、司马光等诸贤发扬理学,使人之心性有所寄托,宋祚才能延续数百年。后来,宋朝逐渐走向灭亡,只能说是气运如此。理学、经学,都是儒学之一体,只不过在'内圣'与'外王'上各自有所侧重而已。卢君复所说'通经学古',却是当今之世我们要努力的方向。"

诸生皆点头称是。

又如,在第八期讲学中,弟子林非著有感于书院讲学坐而论道,容易流于空谈,因此发问:"自从开始问业以来,先生阐发大义,令人眼界大开,但是我们问学之人仅凭自己有限的经历、见识来理解,类似纸上谈兵,即使讲得头头是道,又如何能实践得了?"

黄道周矍然而起,诚恳地说:"此责任皆在于我。看来这七八次讲学,多无实指,竟落空谈,今后当加以改进。"之后,榕坛各期讲学即加大对政治、军事、财用等问题的探讨力度,如论"为邦之道""战守之方",以及如何使"民不告病、国有余财"等。而这些经世之学,主要来源于黄道周对儒家经典的创造性诠释与转化。"通经"之"通",并不只是"通晓",更在于"贯通"。

具体而言,如《榕坛问业》卷九记载了黄道周继朱子遗志编写《三礼定》,以融通《周礼》《仪礼》与《礼记》,其中蕴含黄道周以礼治国的远大抱负;在卷十三中,他融会《大学》《中庸》与《周易》《周礼》,探讨百工之集、生财之道等经济问题,并提出"古者致财,只欲为用;今者致用,只欲为财"的批判观点;在卷十二,黄道周分析了《周易》中的军事思想,以《师》《同人》《谦》《豫》

四卦为驭将要法,以《坎》《离》《既济》《未济》四卦为战守之方,并详细引用史上知名战将、战事加以阐释,新意迭出,又有理有据。需要指出的是,黄道周以《周易》治战的军事思想并非只是停留在理论上。后来隆武朝时,他带兵北伐抗清,正是取法《周易》中"象"的思维来练兵驭将,因而指挥有度。此是后话,暂不详述。

总之,《榕坛问业》可谓一部罕见的百科全书,其中贯穿着明体达用的主线。不到两年,榕树下的这个大课堂便吸引了无数关注的目光。黄道周,这位似乎无所不能的先生,以融通百家的学术创见与经世致用的责任担当,令时人惊叹。

看来,是时候让他出山,以面对即将到来的更大的风雨了。

第二十六章

平台召对

崇祯八年（1635）冬十一月十六日，榕坛第十六期讲学正在进行，一个差役在讲堂门口探头探脑，似乎有急事求见。黄道周暂停演说，点头示意。于是，差役匆匆进来，将一封盖着吏部红色封印的信件交给黄道周。黄道周打开一看，又随手放在案边，继续讲解《春秋》记载的五次地震分别对应的政治事件，"家不占国，郡国不占天下"的义例如何应用，等等。诸生聚精会神地听讲，没人注意这封信究竟是什么来头。

本期讲学已毕，见诸生恋恋不舍，犹未散去，黄道周沉吟片刻，对众人说："适才吏部来信，今上降恩，朝廷赐还，以'清望'复官，让我择日启程赴京。我将上疏请告，暂时不去。不过榕坛之会，恐怕得告一段落了。"

诸生不舍，但又为先生感到欣慰，平和教谕陈克蕴说："我们明日略备薄酌，为先生贺喜，大家意下如何？"众人欢然响应。

次日席间，诸生纷纷表达祝贺之情，认为先生此次复职，日后必定大有作为。黄道周举杯致辞："去年以来，黄某以落职之身，承蒙地方长官与各位俊彦不弃，忝列讲席，连发谬论，耽搁时日良久，在此向诸位谢罪！"说完，黄道周一饮而尽，众人连称不敢，陪饮一杯。

黄道周再次举杯，欣慰地说："我郡人杰地灵，自陈氏开辟此地于泉潮之间，数代治漳，皆有德政。其后又蒙朱子过化、阳明遗泽，代有名儒。近来人才更盛，尤其诸位年少英发，笃学向道，着实可喜！"又一饮而尽。

众人正觉得先生今日之酒喝得有些快了，黄道周敛容，沉痛地说："近年来国家不幸，天灾人祸不息，东北后金猖獗，西北流寇遍地，朝廷或剿或抚，皆不可行，令我百姓流离失所，郡县残破不堪，哀哉痛哉！尤其今年正月，凤阳陷落，皇陵楼殿，惨遭蹂躏，六月总兵曹文诏战死，七月尤世威战败，直至上月，吾皇还下了罪己之诏，哭告太庙，避居武英殿，减膳撤乐，誓与将士同甘共苦，其诚昭昭可鉴。但如今朝中正气凋零，群臣大多各谋己利、苟且度日，道周区区一书生，每思报国无门，未尝不中夜彷徨，徒呼奈何！"

说完，黄道周举杯，又一饮而尽，随即取箸击碗，慷慨悲歌："知我者谓我心忧，不知我者谓我何求，悠悠苍天，此何人哉！"一曲《黍离》未终，诸生皆为之动容，齐声说道："先生保重！为国为民，乃我辈责任，定当勠力同心，舍生取义，誓与先生同行！"后来，黄道周率师抗清，榕坛弟子多有追随者，人称"君子军"，他们或沙场捐躯，或刑场就义。石斋师生英烈之名,永载史册,此是后话。

随后,黄道周回到漳浦,还山守墓,谢绝交游。在正式出山之前,他还有几件事要做,一是整理《榕坛问业》,为一年多以来的讲学做个总结;二是思考出处进退之道,决定何时启程北上。

在北山,黄道周于培土、锄草之余,经常凝视着父母墓前的青松,有时一坐就是几个时辰。岁暮天寒,松柏后凋,陶渊明《饮酒》诗中的情景如在目前:

> 栖栖失群鸟,日暮犹独飞。
> 徘徊无定止,夜夜声转悲。
> 厉响思清远,去来何依依。
> 因值孤生松,敛翮遥来归。
> 劲风无荣木,此荫独不衰。
> 托身已得所,千载不相违。

是的,黄道周就像一只离群的孤鸟,终于飞回故乡。父母墓前的青松,正是托身之处,他本来不想再回归官场、自投罗网。但此时已过天命之年的黄道周,对当前局势与自身使命有更深远的考虑。如果正人君子多数在野不仕,势必使小人得志、朝纲紊乱;出山入朝,或可与诸同仁引君行道,实现自己的政治抱负。特别是今年七月,好友文震孟入阁，他劝谏崇祯帝"尽斥患得患失之鄙夫，广集群策群力以定乱"的言语，深得黄道周之心。文震孟刚方贞介，有古大臣之风，但当时首辅是阴险狡诈的温体仁，而崇祯帝只凭个人喜好、不辨是非，文震孟的前途实在不容乐观。虑及此，黄道周又是一声叹息。

黄道周在这期间写了《恭奉环命作二章》，表达了自己的矛盾心情。以下为该诗第一首：

> 一回雷雨洒尘颜，白道霓裳照佩环。
> 圣主殷忧亲别殿，孤臣颠倒自空山。
> 世随丧马看来复，身与盟鸥约就闲。
> 但愧不才成隗始，未烦移下巉岩间。

《荀子·大略》载："绝人以玦，反绝以环。"古人用谐音法，以"玦"（绝）表示断绝关系，以"环"（还）表示重新召回，故以"赐环""环命"指代被放逐之臣遇赦召还，故此诗中使用"佩环"一词。当大家都认为黄道周削籍之后又得以复职，正符合"塞翁失马，焉知非福"（《淮南子·人间训》）之意时，黄道周却更希望与鸥鸟为盟（《列子·黄帝》），陶然忘机，隐居不仕。不过，最后一联他又用了燕昭王求贤先从厚待燕国士人郭隗开始的典故（《战国策·燕策》），表达了愿意辅佐君王成就事业的入世情怀。

他感时避世、欲隐又出的复杂心情，于此诗可见一斑。

因此，数月来，他整理《榕坛问业》，抱膝看松，研《易》窗下，去留迟迟未决。一直到崇祯九年（1636）秋天，当听到七八月间清兵又入侵京畿的消息时，他一扫心中的犹豫，当即决定再次出山，有司亦不断敦促启程。于是，黄道周九月辞墓，十二月抵京，开始了他在崇祯朝第二段跌宕起伏的仕宦历程。这段历程，主要有三个方面。

第一是分考。黄道周在崇祯十年（1637）二月中旬再次担任考官，不过这次是比乡试更高一级的会试，他分考"五经"中的《诗》一房，最后录取了二十一位贡士，其中有陈子龙、夏允彝、堵胤锡等后来慷慨赴义、青史留名的忠贞之人，但亦有黄澍这类降清之后又遣人妄图招降黄道周的变节之人。

第二是升职。事实上，到京城以后，黄道周就不停地向朝廷提出辞职申请，这并不是"以退为进"的策略，而是表明"我黄道周回来，绝对不是为了升官发财"。而这时的朝廷倒是表现出"选贤举能"的诚意。五月，他由原来的右春坊右中允兼翰林院编修，升为左春坊左谕德兼翰林院侍读、管司经局事，从正六品升为从五品；十二月，他又晋升为经筵日讲官、少詹事协理府事兼管玉牒，官至正四品，这也是黄道周在崇祯朝担任的最高官职。黄道周尽心履职，先后精选《易》《诗》《书》《礼》四经数十处重要篇章，编撰《洪范明义》《月令明义》《儒行集传》等经学著作，进呈东官太子阅览。更重要的是，他得以参与经筵讲学，甚至有资格参加"枚卜"，也就是参加内阁成员选拔，但这也间接导致他与崇祯帝的再次交锋。

第三则是直谏。黄道周始终没有忘记此次复出的目的，那就是劝谏皇帝"任贤"，以使政治清明，如诗圣杜甫念兹在兹的"致君尧舜上，再使风俗淳"（《奉赠韦左丞丈二十二韵》）。直言敢谏的唐代名臣魏徵、南宋福建前贤真德秀都是黄道周的榜样。他接连上疏，主要为了劝崇祯帝爱惜人才。他沉痛地感叹道："人才如树木，又经霜雪摧残之后，元气未复，须十分培养，勿折其萌芽。"（《补牍陈言疏》）因此，他疏救因依律执法、违抗崇祯帝之命而被下狱的刑部尚书郑三俊，疏救受小人诬陷而入狱、生死未卜的同年进士郑鄤……无一不是冒着"批逆鳞"（顶撞皇帝）的危险。最令人咋舌的是，黄道周论杨嗣昌夺情一事，直接使他被连降六级，退出了参与中枢权力竞争的行列，也埋下了后来他被逮入狱的伏笔。而"天下称直谏者，必曰黄石斋"之名声，也正是在此时流传开来的。

事情的原委是这样的。杨嗣昌（1588—1641），字文弱，湖广武陵（今湖南常德）人，陕西总督杨鹤之子。杨嗣昌于崇祯八年（1635）起连丁父母忧，但崇祯帝看重他的军事才能，崇祯九年（1636）秋因兵部尚书张凤翼畏罪自杀，下诏夺情起复杨嗣昌。崇祯十年（1637）五月，黄道周草成《拟论杨嗣昌不居两丧疏》，表面上是反对杨嗣昌守丧未终而出任兵部尚书，实则反对杨嗣昌上任后的政治、军事主张。杨嗣昌认为攘外必先安内，主张先与后金议和，以腾出手来对付农民起义军；而为了解决兵饷不足的问题，他还是采取原来那些加剧百姓负担、导致官逼民反的"溢地""均输"等方案。黄道周痛心疾首，坚决反对这样的举措，并提出"择臣监军，因地取饷，随军选材，赏罚分明"等解决方案，并自告奋勇，愿去辽东边疆效力，但朝廷不为所动。到了崇祯十一年（1638）六月，随着崇祯帝提拔杨嗣昌入阁，杨嗣昌又推荐陈新甲夺情出任宣大总督，指使辽东巡抚方一藻及监军太监高起潜与后金议和。在这关键时刻，黄道周连上《论杨嗣昌疏》《论陈新甲疏》《论方一藻疏》及《退寻仁清之旨疏》，明确反对杨嗣昌夺情，指出其议和之策不可行。崇祯帝的用人主张被否定，暗中进行的议和方案被曝光，他勃然大怒，终于引发了震惊朝野的平台召对。

崇祯十一年（1638）七月初五这一天，天色阴沉，空气中弥漫着一股令人不安的气息。平台乃位于建极殿之后一处较为宽敞的殿台，本次召对的主角是黄道周与杨嗣昌，但与会者包括所有内阁成员及五府、六部、都察院、大理寺、通政司乃至锦衣卫等各衙门官员。

崇祯帝一脸严霜，先对文武百官申斥一番，然后叫黄道周上前跪下，开始质问："圣贤千言万语，不过是天理、人欲而已。你博览群经、饱读圣贤之书，为何所上三疏不前不后，正当杨嗣昌入阁而你落选之际，能说是无所为而为吗？"

黄道周神情自若，凛然答道："天理、人欲，只是义利之分。事事专为一己之私，就是利；以天下国家为心，就是义。我这三疏，都是为天下国家、纲常名教，是大义所在，请陛下明鉴！"

崇祯帝冷笑一声，说："都说你颇有清名，故以'清望'将你召回。清，原是美德，但像你在疏中所说，'诚出于清，仁出于诚'，岂不是对清褒扬太过了？"

黄道周侃侃而谈："人不清则有欲，人有欲则不诚，所以不清即不诚。《论语》又说'孝悌为仁之本'，纲常名教、礼义廉耻正是根本之事，不孝不悌之人，缺乏根本，怎么可能真正忠于国事、经营天下？何况，据传兵部提议与后金议和，这不是要重蹈两宋覆辙吗？可见不清、不孝，为害不浅。"

杨嗣昌急了，上前跪奏道："臣虽不才，亦知君为臣纲、父为子纲，君臣还在父子之前，先朝亦有夺情之先例，故臣虽守制，但君命不可违。臣倒是听说黄道周品行学术为人所宗，本来也颇为向往，可惜见其疏中所言，竟然自称'不如郑鄤',臣实在是失望至极!"

崇祯帝马上接口说:"说得是,朕正要问他此事。"

提起郑鄤,群臣窃窃私语,都在看黄道周如何应对。

如前所述,郑鄤原与黄道周、文震孟、倪元璐等为同年进士,感情深厚。崇祯八年(1635),文震孟入阁,不到三个月即被首辅温体仁排挤落职。温体仁还不罢休,欲为难文震孟、打击东林士人,遂一手炮制了一桩明末冤案。郑鄤为人有些恃才傲物,曾经阻挠其舅吴宗达(其妹为郑鄤继母)之子入国子监,吴宗达怀恨在心。适逢郑鄤之父宠爱一妾,为郑鄤继母所不容,其父遂携带小妾出居僧寺,外人传得沸沸扬扬。郑鄤无时不想挽回此事,以维护家庭名声。当他得知继母与一个尼姑私交甚好,就去请求尼姑帮忙。于是,尼姑借口佛祖显灵,告诫继母要容纳此事,最终其父得以带妾归家。本来这事算是解决了,但在温体仁的授意下,吴宗达以"杖母烝妾"(杖打母亲,侮辱父亲小妾)为罪名状告郑鄤,这可是灭绝人伦之事。郑鄤遂于崇祯八年(1635)十一月被捕入狱。但是,其中的是非曲直,因为涉及父母隐私与名节,他只能隐忍不说,最终酿成冤案。

黄道周熟知郑鄤为人,当年郑鄤上疏揭发魏忠贤时的铮铮铁骨让人记忆犹新。何况黄道周在天启五年(1625)奉母南归时住在毗陵(今常州)郑鄤家中,亲见其侍奉继母极为恭敬孝顺。他不相信郑鄤会做出这种事,于是在崇祯十年（1637）六月上《三罪四耻七不如疏》，在举荐十一位不得志的人才中，特意提到"文章意气，轗轲拓落，臣不如钱谦益、郑鄤"。为此，他还被崇祯帝责问，于是又上《救郑鄤疏》，提到"勿使巇险小人得射形影而弄威福"。可见他对郑鄤冤案原委已略有所知。但是崇祯九年（1636）刚颁布《孝经》于天下，崇祯帝又因五岁丧母而思慕母爱，对这种"不孝""杖母"之举恨之入骨。如今，面对这样的皇帝，黄道周又该如何应对？

黄道周说："臣只是说'文章不如郑鄤'。何况，俗话说'众恶必察'，不能仅凭一人之言而混淆是非。"

崇祯帝大声呵斥道："郑鄤五伦丧绝，昨日三法司已有证据，说他罪状甚明，你还敢为他辩白！杨嗣昌才干敏练，朕因时事多艰，故夺情起用，你却横加阻挠，我看你是朋比、谋私罢了！"

黄道周不慌不忙地说："郑鄤一案，隐情甚多，望陛下明察。而夺情之人，若是边疆大臣、军事统帅尚可，若是阁臣则断然不可；退一步说，如果是阁臣一人尚可，又接二连三引荐其他夺情之人，则万万不可，否则纲常名教势必荡然无存，天下人心势必不知所宗。陛下怪郑鄤不孝，却又要杨嗣昌夺情，是否有欠公允？如果我只是为一己之私，陛下杀郑鄤、用杨嗣昌之意甚明，我又何必自讨苦吃去疏救郑鄤、弹劾杨嗣昌呢？"

崇祯帝一时语塞，只能说："早就知道你偏执迂狂，但念你颇有学问操守，随即赐环，不久之前中极殿召对，你的文章也确实写得不错，还打算重用你。但看你今日这样百般狡辩，却是孔夫子所说的'佞口'！你应该记得当年夫子以'心逆而险，行僻而坚，言伪而辩'诸罪而诛少正卯之事！"

旁听的大臣们都倒吸了一口凉气，心想：皇上这是起了杀心啊，黄道周，你还是赶快闭嘴吧！

黄道周却不为所动，继续反驳："陛下说到忠佞，容臣再辩解一番。臣一直牢记魏徵'愿为良臣，毋为忠臣'之言，良臣得志，因有明君；忠臣被戮，实由暗主。臣相信陛下是明君，故今日臣不尽言，则臣负陛下；今日陛下杀臣，则陛下负臣。"

崇祯帝暗暗咬牙，却又无可奈何。杨嗣昌连忙说道："陛下圣明，所发皆为诛心之论，臣子除非顽固不化，否则必有所感悟。黄道周也素有盛名，还望从宽处理。"

崇祯帝顺水推舟，说："准卿所奏，黄道周退下听宣。如今国家内外交困，天灾频仍，皆朕不才，不能感发诸君公忠为国之心、明辨是非之意。今后务必不可党同伐异、妄议朝政，否则，祖宗之法在焉，望诸君好自为之！"

群臣谢恩告退，只黄道周一人久久不愿离去。崇祯帝拂袖而去的背影如在眼前，他忽然有些伤感，他觉得皇上也是孤独的。

他也知道，自己在朝的时间应该不多了。

第 二十七 章

监狱也是研究室

1919年,有一个人在北平慷慨陈词:"世界文明的发源地有二:一是科学研究室,一是监狱。我们青年立志出了研究室就入监狱,出了监狱就入研究室,这才是人生最高尚优美的生活。从这两处发生的文明,才是真文明,才是有生命有价值的文明。"

发表这番宏论的人没有想到,在此之前大约三百年,已经有人这样做了。而且,他直接把监狱当作研究室。他,就是黄道周,当时也在北京,虽然已不是青年。

平台召对之后,本来事情算告一段落,阁臣给出的处罚意见也只是"朋串挠乱",建议"降级调用"。没想到翰林院修撰刘同升、编修赵士春,工科都给事中何楷,南京御史林兰友,行人司正卫景瑗先后上疏为黄道周鸣不平,这就是谏诤史上著名的"夺情五谏"。赵士春的奏疏极有代表性:

当时事多艰,人情积玩,内外纷扰,饷匮兵单,岂特一时诸臣才力皆不堪驱策哉?良由功名之计愈工,而忠孝之性未至故也。无事不讲储才,有事轻言破格，终身之职业未见他奇，而一日之机缘已蒙幸进，此岂可谓用人无弊之道哉？

此处将"用人以德行为重，养才以积累为先"的观点阐释得颇为深刻。虽然在以儒家文化为主流意识形态的社会背景之下，很多就事论事的争论极易转化为对道德的指责；虽然无法证明黄道周、赵士春等人的主张在实践中就一定优于杨嗣昌，但不可否认的是，在中国古代政治史上，谏议制度的设计有着优良传统，词林、谏官皆不乏正直敢言之人，而执政者亦不能尽钳众人之口。但在各种制度设计之上，最终还是由皇帝乾纲独断；用人的标准，也只能是帝王之心而非圣人之心。因此，所谓的"格君行道"，永远是儒者的一厢情愿，这正是"黄道周们"的悲剧所在。

现在，"夺情五谏"的出现，使刚刚平复的帝王之心又开始震怒。刘同升、赵士春分别是崇祯十年（1637）黄道周担任分考官的丁丑科状元、探花，何楷则是黄道周的漳州老乡兼姻亲，林兰友是福建仙游人，这不就是朋党吗？

此时，轮到刑部主事张若麒出场了，他上疏弹劾黄道周等人"恃众藐旨，造捏奸言，以归过皇上"，并请求公布召对始末以"正人心、息邪说"。于是，崇祯帝传谕群臣，禁止再为黄道周进谏，不得朋党营私，并将黄道周贬为江西布政司都事。而张若麒此后被杨嗣昌调到兵部，算是得偿所愿。

消息传到北山，蔡玉卿正在教大儿子黄麑诵读《孝经》。她放下书卷，微笑着说："皇上盛怒之下，仅以贬谪收场，幸甚幸甚。汝当好好读书，汝父不久将归来矣！"

此番离京，黄道周不再有上次的感慨，或许是因为"吾道不孤"，同行的还有一起被贬的何楷、刘同升、赵士春等诸位同仁。但是，在崇祯十一年（1638）九月萧瑟的秋风中，他隐隐感觉，这一次进谏的余波或许不会这么快就平息。

此次南下，登临泰山、讲学大涤、会友杭州、途经金华……又是一个岁暮，黄道周回到漳浦北山，看着依旧挺拔的青松，心想：过了年，我就五十五岁了。

黄道周想起了孔子。孔子五十五岁时离开鲁国去周游列国，"斯文未丧"的千古之叹也正发于此时。第二年正月，黄道周返回铜山老家主持修复孔子塑像，遂作《修像告先圣文》：

> 维崇祯十有二年岁次己卯，元正望日癸酉，铜陵后死、前少詹事兼侍读学士黄道周，贵州按察司提学参议陈士奇，举人游昌业、刘善懋等同诸生聿修圣像，谨以牲醴告于至圣先师之灵，曰：

呜呼！消、息，时也，剥、复，数也。维圣人不以天违时，维至圣不以时改度。故日月贞明，有千古之新；天地不敝，有万世之土。《鼎》何以取新，《革》何以去故？未坠之统留其绪。《革》何以去故，《鼎》何以取新？神而明之，存乎其人。龙蛇存身，神明存人，此存之者，万古常新。呜呼！尚飨！

铜山孔子塑像立而又废、废而复立，历经沧桑，斯文不坠，故黄道周引用《周易》中的《剥》《复》《鼎》《革》四卦，表达了对事物盛衰、消长的自然规律的乐观态度，这是一种强烈的自信，仿佛在告诉国君：不管是谁，都要顺应天命，道统比治统更长久，强权不能夺儒者之志。

既然朝廷说他"朋串挠乱"，他干脆化用欧阳修《朋党论》"小人无朋，惟君子则有之"之意，通过在漳浦建十朋轩、九串阁来表明心迹。

于是，阳春三月，鸟鸣嘤嘤，黄道周的弟子、友人们惊奇地发现，在先生的墓庐之下，又多了两间一丈见方的小屋，左边为十朋轩，右边为九串阁，分别陈列管仲、屈原、贾谊、诸葛亮、陶渊明、李白、李泌、范仲淹等历代贤能之臣、文人名士的牌位，共二十八对、五十六个。黄道周还为此作了《五十六贤赞》。在闽南，他用这种独特的方式发出与古之贤者异代同风、斯文有托的感叹。

随后发生之事似乎是一种响应。一年后，刚晋升为南京兵部右侍郎的原江西巡抚解学龙循例推荐部属，将黄道周排在江西属官的第一位，这自然是众望所归。不过，解学龙也是东林士人，而他的推荐语中"纲常楷模"等字眼，很快就被人添油加醋地传到了崇祯帝耳中，一场更大的风暴即将来临。

崇祯十三年（1640）二月初九，正是黄道周生日，蔡玉卿按闽南风俗，煮了一锅长寿面，放了几个鸡蛋。一家人正开心地吃面，外面一阵喧闹声由远而近："先生，我们来给您祝寿啦！"原来是黄道周的榕坛弟子洪京榜、唐开先、杨天宰等人从漳州各地赶来，为老师庆生。黄道周既高兴又犯愁，他为难地说："老朽残生余年，又是贬谪之身，不敢受贺，早已谢绝浦人。不过诸君远道而来，不受，非礼也，只是地小屋陋……"话音未落，魏呈习说："先生无须多虑，我们就在门外小聚即可。先生请安坐，受学生们一拜！"

门口有几张木椅，几块方石，黄道周选定一处，师生围坐，蔡玉卿端来了温好的米酒，门生们带来了咸水鸭、烧窑鸡、卤猪脚等下酒菜，几杯过后，大家觉得身心俱暖。

带着点儿酒意，洪京榜说："先生，学生有一事不解，不知当问不当问？"

黄道周说："但说无妨。"

洪京榜说："先生所坐之处，由三石垒叠而成，学生刚才没有注意，现在看来，是否别有深意？"

黄道周点头说："尊光很细心。如今内阁是曾经依附于奸宦魏忠贤的薛国观在掌权，而杨嗣昌、陈新甲俱在阁，平台一辩，夺情五谏，甚是触忤他们，他们必不会轻易放过。故我辈虽僻处东南，或难以免祸。日前与润石言及此事，似安实危，故以此三石叠加，有如《乾》之九三爻所言'朝乾夕惕'，聊以自警。不过，君子不忧不惧，惟有修己以敬罢了。"

众弟子举杯祝愿："天佑斯文，先生吉人自有天相。"

四月初发出的逮捕令从北京传到漳浦时，已是五月。黄道周没有丝毫害怕，他安顿好家小，告别亲友，收拾行装，于五月二十三日辞墓，直接奔赴北京待罪。而这时，锦衣卫缇骑才到达江西，那里有同样被逮的举荐他的解学龙。

黄道周一路行来，史上难得一见的情景依次出现。

首先是"江右高义"。江右即江西。六月十五日，黄道周至南昌就逮，自知府以降的地方各级官员及士人纷纷慷慨解囊，共赠银千余两，希望能以之周旋于锦衣卫，以免名贤受辱，但黄道周一一谢绝。于是，南昌秀才彭士望带着这笔经费，护送黄道周至京师，到刑部打点上下，但刑部官员分毫未取；又欲赠给蔡玉卿及解学龙家属，他们都以大义辞之。最终，彭士望将钱分毫不差地归还给江西推官胡慎三，胡慎三将之用作公费。时人称此役为"江右高义"。彭士望后来入黄道周门下，以易学著名，为江西"易堂九子"之首。

其次是"维扬送别"。维扬即扬州，与江右一样，历来是文化昌明之地。一行人离开南昌后，顺着长江至扬州，船只欲就岸补给。船头的锦衣卫远远望见码头上黑压压的一群人，大吃一惊，拔刀高呼："小心有人劫持钦犯！"黄道周走出船舱一看，说："无妨，都是读书人，见面即知。"船靠岸后，诸生向黄道周礼敬有加，其中一位神情矍铄的长者拱手道："久闻石斋先生大名，今日光临鄙邑，令维扬士人有幸一瞻风采。先生被逮一事，天下震动，人心不安，如何结局，关乎世道兴衰，我等欲陪先生入京，誓同进退，不知可否？"黄道周答："道周迂狂无知，获罪于天，无所祷也。各位美意，在下由衷感激，然为一罪人兴师动众，恐有藐视朝廷礼法之嫌，万万不可，望诸位成全。"说完，他深深一揖。众人不敢再坚请，齐声说："恭送石斋先生。"其中多有不禁泪洒江滨者。此为"维扬送别"。

再次是"廷秀请代"。到达京城后，黄道周、解学龙皆被杖八十，血肉模糊，惨不忍睹。户部主事叶廷秀乃大儒刘宗周弟子，激于义愤，遍告六部诸同事："吾辈头上所戴名为'进贤冠'，今名贤遭受厄运，岂可坐视不顾！"刑部刘主事啜嚅着说："石斋先生被逮乃今上钦命，君命不可违，我们还是少管闲事为好。"工部陈主事说："叶兄仗义，可敬可佩，愚弟当紧随其后。不过家中刚有急事，得去处理一下，改日再议。"看到众人避之唯恐不及，叶廷秀越发激愤，遂独自上疏，请求代替黄道周接受一切处罚。很快，锦衣卫找上门来，叶廷秀凛然正色道："执事请随我入室一观。"厅堂之中，一具黑黝黝的棺木赫然在目，叶廷秀说："我母亲已经去世，我又无妻儿之累，若为救圣贤而死，可谓得偿所愿。"锦衣卫不禁叹服："千古之下，乃有此人哉！"叶廷秀虽也被杖一百，但行刑者下手极轻。后来，在他削籍回乡时，黄道周于狱中赠诗曰："乳血在君亲，霜露不敢侵。悠悠行路人，安足相追寻。"诗中既有对叶廷秀受杖未亡的庆幸，更有对自己连累叶廷秀的自责。

其实，这时候黄道周所受的苦难已十分深重。刑部审讯黄道周，却问不出任何结党营私的证据。于是，黄道周从刑部监狱（西库）被转到更为阴森恐怖的锦衣卫镇抚司（北寺）。由于急于结案，他们对黄道周严刑拷打，但黄道周始终不屈。锦衣卫哪里知道，黄道周正是在这里想起了蒙冤而死的周起元、周顺昌诸君子，殉道之理想，岂是区区刑罚可移易！不过，本案波及无辜甚广，上疏救援而遭罪的除了叶廷秀，还有涂仲吉等人，因善待黄道周而受罚的则有通政使施邦曜、刑部尚书李觉斯等人，受牵连被指为"福党"的又有黄文焕、董养河、陈天定诸人。即使在如此困境中，黄道周仍然在狱中坚持《易象正》的写作，以《易》测天、顺天道而为，始终是他的学术与政治追求。于是中国易学史上出现了令人动容的一幕。

这一天清晨，就着狱中屋顶西北角天窗漏下的微弱光线，黄道周正在画《易象正》之"大象十二图"，上下定位、左右倚交、日月之闰……黄道周凝神构思，全然忘了此时何时、身在何处。突然哐啷一声，门被推开，锦衣卫闯进来提人。他紧握手中已经用秃的毛笔，继续画图，头也不抬地说："这一张我就快画完了，请稍候……"急于交差的锦衣卫二话不说，连抱带扛地将黄道周抬走，只留下十几张图纸如受惊的蝴蝶，在尘埃与阳光中翻飞、飘落一地。

隔壁狱中，是在剿抚张献忠决策上得罪杨嗣昌而被羁押的湖广巡抚方孔炤。他待锦衣卫走后，赶紧将黄道周散落在地的《易象正》诸图收拾起来，留待他日再向黄道周问学。

是的，后来被称为"百科全书式学者"的方以智，正是在狱中服侍父亲方孔炤时，与父亲一同问学于黄道周而得其易学之传。

除了坚持易学研究，黄道周还在狱中书写《孝经》，中国书法史上因此有了永恒的经典。要知道，在中国古代的监狱，如果不想过着猪狗不如的生活，就必须对狱卒奴颜婢膝、百般讨好。黄道周不屑为此，狱卒也知道这是天下知名的黄先生，于是以谦卑的姿态请求黄道周写几个字。黄道周书法取法于钟繇、二王，又参以魏碑，楷法遒媚，方圆并用，行草则笔势绵密，格调高古，深为时人所重，而他自己却以书艺为"学问中之第七八乘事"。在这样特殊的环境中，黄道周思忖片刻，挥笔而成《孝经》。如此一发不可收，从崇祯十三年（1640）八月至崇祯十四年（1641）十二月，黄道周共写了一百二十本《孝经》，每本内容各不相同，皆加以赞语，但都代表着黄道周的孝道观念。他用这种举动表明：自己虽然有违《孝经》"身体发肤，受之父母，不敢毁伤"之训，但终究是为家国大义、移孝为忠而受此困厄，因此问心无愧。黄道周写的《孝经》甚至传入宫中，到了崇祯帝手上，崇祯帝一时间被那遒丽端庄的楷法吸引，不经意又看到纸墨间的斑斑血迹，心有所动，但表面上仍冷冷地说："此为沽名耳！朋党之罪，实不可赦！"

但事实上，"朋党"是"莫须有"的罪名，从镇抚司的一次审讯，即可见之。

这天进入同堂对簿阶段，诸位君子面面相觑，因为相互之间并不认识。叶廷秀对着其中一位貌不及中人而气定神闲的先生作揖，问："您是黄老先生吧？"黄道周回礼说："您一定是叶先生了。道周不幸连累您，实在罪过！"叶廷秀说："当仁不让，是吾辈职责所在耳！"随后他又对一位老者说："您应该就是解老先生吧？"解学龙忍不住挥泪，说："错在解某，令诸君受累，不过疾风知劲草，感此高义，解某死而无憾矣！"

堂上负责审讯的官员看不下去了，彼此都不认识，怎么可能是朋党？于是草草问了几句，暂且收押归狱，留待他日再说。

于是，从锦衣卫到刑部，从在朝清流到在野的复社领袖张溥，各种力量汇聚到一起。年底，黄道周终于以永戍四川酉阳宣慰司获释出狱。几经磨难，生死一线，复见天日，恍如隔世。后来他作《放生诗》十三章，现录其中一首如下：

> 报恩雀蛤眼空青，
> 岁入禅关又破扃。
> 断臂几回成法事，
> 不看人写药师经。

崇祯十五年（1642）正月二十八日，又是一个微雨天，黄道周出了北京城门，转过身，向送行的人，也向人群背后的京城深深一揖。他知道，自己再也不会回到这座宏壮深邃、曾经承载了自己许多梦想、遇见各种人物的都城了。放门陈事、平台召对、入狱生还，他与崇祯帝的交锋终于结束了。

但他的使命，远远没到结束的时候。

第二十八章

从明诚堂到邺山书院

飞越几回寒暑的鸿雁，老翅愈加坚韧有力；经历了肉体与心灵的双重淬炼之后，黄道周对人生与学术的思考又达到了一个新的高度。

黄道周在崇祯朝的政治生涯看来是告一段落了，但他的讲学事业还在继续。获释的消息传开之后，江浙弟子已经在大涤山等待他的到来。此次讲学聚会从四月二十五日持续到五月下旬，黄道周将弟子们最关心的几个问题，也是当时学者们争论的焦点一一剖析。

首先，孟应春从周敦颐谈起，探讨北宋五子之长短异同。黄道周认为，从学问上来说，邵雍首屈一指，这一看法和"二程"迥异，与他对象数易学的兴趣有关。在性命论上，他坚持榕坛讲学时的观点，不赞同周敦颐、"二程"、张载的"气质之性"之说。他认为气质并不是性，孔子、曾子、子思、孟子一脉相承的性善之说才是真正的"儒脉"。这有异于宋明儒学的道统观，而上接先秦儒学。

其次，何瑞图问及"朱陆异同"。南宋两位大儒——朱子与陆九渊，因为"尊德性"与"道问学"的为学路径取向不同而争论，双方后学更是势同水火，但黄道周认为：天下事只有正邪势不两立，而朱陆本为一家，不必强分异同，应相互调停，取长补短。不过出于自身的学术个性，他更倾向于朱子之学。于是，就有了他在《大涤书院三记》中这样一段著名的论断：

> 由子静之言，简确直捷，可以省诸探索之苦，然而弊也易。由仆之言，静观微悟，可以开物成务，然而弊也支。由元晦之言，拾级循墙，可至堂室，高者不造顶无归，深者不眩崖惊坠。由其道百世无弊，则必元晦也。

他自信地将自己的学术与陆九渊、朱子相提并论，同时推崇朱子之学循序渐进、百世无弊。

再次，在经学上，朱朝瑛问《易》，孟应春问《诗》，吴季安问扬雄《太玄》、王通《元经》与《春秋》之关系……黄道周皆一一阐发。

讲学的日子总是过得很快，作为赴戍之人，黄道周不敢久留，于是又启程出发，不过在到达九江之后不幸得了疟疾，只能暂住调养。八月间，他得知蒋德璟、周延儒等阁臣为自己向崇祯帝求情之事；十月一日接旨，以"清操力学"免戍还职。

前以"清望"复官，后以"清操"还职，这从侧面印证了黄道周所说的"清"为"诚仁"之本。但黄道周不再有执念,他一面上疏谢恩,并请求赦免解学龙、叶廷秀等人,一面动身南下,步履坚定,遂于十一月到达漳浦,并作《壬午还山墓祝文》,称"三秋洒扫,自痛弗亲;万里依瞻,幸逢再造",历经此劫,既免一死,自己再也不想离开父母坟茔了。

岁聿云暮,耳顺之年将至,黄道周决定以讲学作为自己的余生事业。

漳浦弟子们深知老师的心愿,在他们的策划下,崇祯十六年(1643)三月,黄道周原先的东皋旧居启土动工,一座崭新的书院即将诞生;同时,一段精彩的文字也诞生了,这就是黄道周的《明诚堂启土祝文》:

> 维崇祯十有六年三月三日丙申,浦中诸贤达、孝廉、茂才咸广德心,用图丽泽,以东郊草庐山川明淑,旧当蛰伏,为潜确不拔之区;今值朋来,为讲习丽泽之用,爰谋革故,以就鼎新。周于此地,盘桓屯始,既三十余年;幸借英灵,持载谦终,亦二十余载。蓬蒿未剪,茨暨弗胜,顾兹篱舍,能无厚颜?今以贤达孝秀之请,焕为奎璧联聚之祥,德果不孤,道成多助。千里之内,备有贤人;十步之余,未乏芳草。所以酬我圭峰,开兹泰运,信神明之功,亦朋友之力也。谨

以是日告于司土，言将版筑，以就柱梁。祝曰：天回道兴，时至义起。<u>明两之从，丽泽以理</u>。敬则有终，和则有始。<u>一室之言，其应千里</u>。凡百明神，佑我君子。咸宅厥心，敬而听之！

以上加下划线的文字，即为与《周易》有关的内容。黄道周在此文中或嵌用卦名，或引经传文辞，无不信手拈来，如风行水上，自然成文，体现了他对《周易》的谙熟与高超的语言表达能力。如果说黄道周研究易学以象数为宗，那么这篇文章则是极好的义理之作，由此亦可看出黄道周对明诚堂讲学的殷切期待。

其实，在营建明诚堂之前，黄道周已计划在漳州筹建一处类似大涤书院的讲学场所。崇祯六年（1633），他与弟子洪京榜、张瑞钟等人觅得一个佳处，位于九龙江北溪的江东桥附近，地名"蓬莱峡"。此处山水相连，远离喧嚣而又交通便利，山上有十数片石壁，飘然若飞，人称"石仙"，黄道周十分中意，但屡次择地筑屋未成，遂暂时搁置。明诚堂毕竟在漳浦，漳州弟子往来不便。于是，他同时着手规划蓬莱峡，并于五月正式开始营建书院。因门人戏称此山骨骼清奇，有如唐代仙风道骨的邺侯李泌，遂命名为邺山。

李泌，是辅佐过唐代玄宗、肃宗、代宗、德宗四代君主的奇人。他匡扶社稷,用心良苦,在平定安史之乱、处理内政外交等方面功绩卓著,又博通经史,最后恬淡退隐,正是黄道周理想中的士人榜样。李泌本就名列黄道周的《懿畜前编》之中、十朋轩之内,而在"邺山"得名之后,北山墓庐中又出现了李泌的身影。

那是八月初一,黄道周刚刚完成了《孝经集传》。他特意挑选了十朋轩、九串阁五十六贤中的管仲、诸葛亮、季札、李泌四个牌位,安放在北山享堂中,郑重行礼后,向诸弟子传授《孝经集传》。

张若化问:"先生,今日开讲《孝经集传》,自当礼敬先贤。季札是孝友之典范,此无疑义,而管仲诸人为何亦特祀于此?"

黄道周说:"诸葛、管、李向来以辅佐国君、成就功业著称。这往往让人们忽略了管仲孝母,诸葛诫子,李泌劝谏肃宗孝顺父皇、善待太子,从而由齐家而治国平天下。故此三人既是贤臣,亦有功于孝道。"

众弟子皆叹服。

崇祯十七年(1644)三月十二日,明诚堂落成,随之而来的是一场盛大的讲学。漳浦县衙差役张清云永远记得当年的盛况。

那天一早,张清云跟随漳浦县令沈兆昌前往明诚堂,远远就看到黄道周的几位弟子在门口迎宾。踏入大门,他大吃一惊，从门厅处可窥见里面的庑廊已经坐满了人。听说当天总共来了十六个举人、八十一个秀才，不只来自漳州，也来自全闽各地，甚至浙江。本来，他以为县令老爷肯定是今天到场的最大的"官"了，没想到漳州府的曹推官、龙溪县的刘县令也来了。"上个课而已，至于吗？"他小声嘀咕。

在拜谒先师孔子之后，几番推辞不成，黄道周遂坐于正堂居中讲席，群宾坐定，弟子申读誓约七条。张清云在门厅角落，隐约听得有"入不孝、出不弟、傲侮兄长、慢游是好者，不在此位也"诸语，"看来想听黄先生的课，还得先学会做人啊！"他又一阵嘀咕。

一声钟响，讲学开始。弟子发问："时下流行的阳明'致良知'之学与传统的程朱'主敬'之学已成分道扬镳、分庭抗礼之势，先生从《中庸》取'明诚'二字命名讲堂，是否针对'良知''主敬'之争而发？"

黄道周回答："由'诚'生'明'，即为良知；从'明'归'诚'，就是主敬。圣贤之道，要在异处见同，不要只在同中求异。"

弟子又问："《中庸》又说'诚者天之道，诚之者人之道'，天道微茫，凡人如何可达？"

黄道周说："先不要说天道，就如面对一个陌生人，我们是否得先了解他，然后才能信任他？当你信任他之后，是不是又能更深入地了解他？又比如，一面铜镜，先要磨得光亮，才能随形映物；即使随形映物，也要不断打磨，才能保持光明之性。因此，天道不是凭空而来的，要痛下功夫才可真切体认。"

弟子又问："《礼记》之《曲礼》说'毋不敬，俨若思'，《乐记》则说'人生而静，天之性也'，敬与静，是后天与先天之别吗？"

黄道周说："礼乐止是中和。《中庸》说'致中和'，致中就是礼，致和就是乐。《易传》以'非礼弗履'来解释《大壮》卦（下乾上震），以'作乐崇德'来解释《豫》卦（下坤上震），两卦都包含《震》卦，震即雷也，雷即动也。天地作用，雷为大；人身作用，怒为大。故先王制礼作乐，使人趋向中和，天地性情，由此可见，诚明之义，亦尽于此。"

不知不觉，连讲堂门口都挤满了人，但没有丝毫嘈杂声，大家都在安静地听讲。明诚堂的天井之中，有红布覆盖着的还未正式启用的测天之具——"天方盘"；而天井上空，则飘扬着黄道周并不高亢却清晰有力的声音。张清云觉得黄先生讲得好像很有道理，但又似懂非懂，他下定决心，明天就去找一处好的私塾，再怎么困难，也要送自己的一对儿女去读书，争取以后成为像黄先生这样有学问的人。

众人虽意犹未尽，但时间飞快，已近正午，黄道周安排薄酌，以宴宾客，席间歌《诗经》之《匏叶》《出车》《南山》诸章，赋诗言志，以表达迎嘉宾、祝长者、颂太平之意，礼乐彬彬，于斯为盛。

漳浦明诚堂讲学的盛况传遍了清漳各地，更多的士人期待黄道周来郡城开讲，邺山书院的营建也在杨天宰、洪京榜等龙溪弟子的主持下加快进行，于端午节前后初具规模。与明诚堂不同的是，邺山书院占地较广，又得山水之助，故其最大的特点在于人文与自然的结合，这又集中体现在书院的主体建筑"三堂"上，"三堂"各有其名，亦各有其门，依次如下。

三近堂位于蓬莱峡中部，其名出自《中庸》："好学近乎知，力行近乎仁，知耻近乎勇。"三近堂是黄道周平时栖居研习之处，前面有石突出，距江面一丈有余，可观水垂钓，故称钓台，其门称"明澜门"，出自《孟子·尽心上》："观水有术，必观其澜。"

与善堂位于峡北，其名出自《孟子·公孙丑上》："君子莫大乎与人为善。"此堂作为书院神堂，供奉历代儒家圣贤。其中，既有孔孟周程等历代圣贤，又有朱子、陈淳、黄榦、王遇、高登、陈真晟、周瑛、林魁、蔡烈等"九先生"。除朱子、黄榦外，其他皆为漳州先贤，体现了书院的道统渊源与地域特色。与善堂之门前临大江，故称

"上下天地同流门",出自《孟子·尽心上》:"君子所过者化,所存者神,上下与天地同流。"实际上,邺山下还有一处小屋,供奉着黄道周已逝挚友周起元、张燮,称"邺山二友"。

乐性堂位于峡南,作为书院讲学的主场地,其门名为"敬恕为宗门",可见黄道周认为除了好学、力行、知耻这"三近"之外,还应有"敬恕"之功。即孔子所言一以贯之的"忠恕"之道,再加上程朱"主敬"的功夫。而"乐性"之名,则蕴含着黄道周的创见。在《论语·述而》中,孔子说:"饭疏食饮水,曲肱而枕之,乐亦在其中矣。"而《论语·雍也》中,孔子称赞颜回之贤:"一箪食,一瓢饮,在陋巷,人不堪其忧,回也不改其乐。"于是,追寻"孔颜乐处",探讨颜回为何而"乐",遂成为宋明儒学的一大课题。历来多以颜回"乐道"为正解,黄道周则认为是"乐性",这和他"以至善为性"的本体观是一致的。

由此可见,邺山三堂构建了一个完整的贯通本体与功夫的儒家修养体系:以圣贤为榜样,以三近为功夫,最终到达乐性之境界。但是,这种理想的道德境界,能经得起明末"天崩地解"大变局的考验吗?

考验很快就来了。

在五月上旬的两次讲学之后,崇祯十七年(1644)五月末,僻处闽南的黄道周方才得知三月十九日明朝灭亡、君死社稷的消息。他带领众弟子设灵位哭祭于邺山。那个渴望励精图治，却又进退失据；多次与黄道周交锋、惩戒褒奖并至的皇帝，就这样在内外交困、众叛亲离中自缢于煤山了！黄道周百感交集，在崇祯帝灵前几次号泣欲绝。国破君亡，作为臣子的他，将何去何从？

九月初一，黄道周在乐性堂再次讲学。当日与会者超过四百人，是黄道周讲学生涯中规模最大的一次。

拜谒先圣先儒之后，鼓乐奏鸣，宾主分列坐定，弟子问："如今山河改色，生灵涂炭，读书人除了区区此身之外，似乎全无用处，仁义礼智，要归向何处？'乐性'之乐，还能保持否？"

这真是一个尖锐的问题。榕坛问业时师生探讨的"明体达用"理念，直接面对沉痛的时代之问。

黄道周正色道："论命，则有忧有乐；论性，则无加无损。此性光明通透，不因山河崩颓而毁伤。孔门论仁，讲究的是有体有用，仁义礼智就是体，施于四海就是用。四海有恙，仁者救之；万民有难，仁者济之。人生精神要如河汉日星，与天地共转，不可悲观绝望，自我束缚。"

弟子又问："强寇犹未荡平，若强敌骤至，划江而治，保有半壁江山，是否可行？"

黄道周说："诸葛仅据天下三分之一，时刻不忘北伐中原，鞠躬尽瘁，死而后已；谢安志在东山隐居，而淝水之战后,无日不思恢复大业,此乃其胜于王导之处。仲尼一部《春秋》,核心即为勤王、讨贼、复仇。君子平日谈论《春秋》,如今正是奋起而践行之时。"

地方官员、一众弟子,连同黄道周的长子黄麑、次子黄麖,皆齐声响应:"谨遵师教!"

邺山诸石整齐肃立,仿佛要奔赴远方。

第二十九章

从弘光朝到隆武朝

远方,金陵(今南京)皇宫之中,弘光帝正在喝酒赏月。

无边的月光洒在殿外的青石板上,有如粼粼波光。秦淮河上,景致应该更胜于此吧?今晚,不知是哪位歌女在画舫上清唱《明月几时有》?弘光皇帝心驰神往,不禁吟出了一句"名诗":

万事不如杯在手,一年几见月当头。

一旁的马士英击节赞赏:"好诗啊好诗!"太监田成、张执中等人纷纷附和。弘光帝不禁飘飘然,胖得变形的脸上,眼睛笑得眯成一条缝,浑然忘了此时清兵已击溃农民军,节节南下,而驻守江北的四镇总兵正为了争夺富庶地盘而自相残杀。

而正是这样的昏君、奸相,给黄道周发来了邀请函,请他去南京担任吏部侍郎。

去,还是不去?

崇祯十七年(1644)五月,在凤阳总督马士英等投机分子的拥立下，福王朱由崧以万历帝孙的身份继承大统，在南京建立南明朝廷，以次年为弘光元年（1645）。由于黄道周的声望及其在浙、闽一带的影响，弘光朝任命他为吏部左侍郎兼翰林院侍读学士。六月，黄道周接到召用令，并未动身，而是上《时务疏》，提出复燕京、召勤王、定进取等"九务"；七月，他又上《恭慰圣怀疏》，强调当务之急是感召忠义之师、访求宿臣壮士、清理积狱暴敛等"三事"。奏疏递上，朝廷皆不批复。

此时的闽南，远离烽火与喧嚣，秋水微波，白鹭低翔，邺山风景尤佳，但黄道周又怎能安心讲学？他时刻铭记《春秋》复仇、一统之义，孔门有体有用之学，加上朝廷接连催促，于是，在完成九月初一最后一次讲学后，他于九月十五日再次辞墓出发，从此离开了故乡。

至南京，已是弘光元年（1645，清顺治二年）正月，眼前的情形让他仅存的一丝希望也破灭了。此时朝中仍然延续晚明的党争余波，马士英凭借拥立之功把持朝政，排斥素有威望的史可法，引荐阉党余孽阮大铖入朝，欲兴大狱以报复东林、复社。其时正人君子多遭贬斥，如大儒刘宗周、黄道周弟子陈子龙等都已经离朝罢归。对于黄道周，马士英只是想利用他的名声，将他从原来的吏部左侍郎升为礼部尚书，看似加尊，实则架空。另一方面，马士英、阮大铖大肆明码标价、卖官鬻爵，中书舍人之职纳银九百两即可到手,推官、知县一千两,翰林待诏三千两……以致南京城传唱着这样一首民谣:"职方贱如狗,都督满街走。扫尽江南钱,填塞马家口。"而当弘光帝、马士英还在以农民起义军为主要对手,以跟清廷和谈为上策之时,清军早就准备好挥师南下,一统江山。

一路上的辗转反侧、忧心忡忡,终究得到了无情的印证:这样的国君,这样的朝廷,覆灭只是早晚的事情,实在不值得自己尽忠。既然是礼部尚书,黄道周便借口替皇帝去会稽(今浙江省绍兴市)祭祀禹陵(相传为夏禹的陵墓),于是在三月初离开了南京。事实证明,他这一次离开是正确的。

两个月后,即弘光元年(1645)五月,南京陷落,在瓢泼大雨中率领百官跪迎清兵入城的,竟有黄道周的同年好友、时任东阁大学士的王铎,还有被视为文坛领袖的礼部尚书钱谦益,也就是黄道周在崇祯朝所上《三罪四耻七不如疏》中与郑鄤相提并论的"文章意气,轗轲拓落"之人。生死抉择,最是人格的试金石。两个月后,同样被黄道周列为自己"七不如"之一的"品行高峻,卓出伦表"的刘宗周,在得知杭州失陷后开始绝食,二十三天后逝世,可谓杀身成仁、不负平生志节,最终与黄道周并称为"一代完人",此是后话。

弘光帝朱由崧在清兵进入南京之前已经逃到芜湖,不久被俘，被押解至北京处死。至此，历时仅一年，南明弘光朝已灰飞烟灭，江南一片血雨腥风，但清军并不能使广大人民屈服，士大夫仍在苦苦寻找救国之君。六月，潞王朱常淓在杭州监国，却仍受马士英操控。黄道周于是作《论马士英阮大铖卖君卖国笺》，宣告与奸人势不两立。潞王虽尊称黄道周为"一代忠良"，却身不由己，黄道周于是又离开潞王南下。孰料，峰回路转，他终于遇到一个可为之托付满腔热血的君王。

六月十三日，浙江桐庐，一只小船漂泊于江中，船舱中早早放下的门帘，依稀透出几缕烛光。舟中，一位四十多岁的男子静坐，倾听周围数人慷慨陈词。他的内心是激动的，但又有所克制，毕竟，他经历过许多风雨。从小因为父亲失宠于祖父，他便与父亲一起被囚禁长达十六年，最终父亲死于非命；他好不容易继承王位，却因崇祯九年（1636）带兵勤王违反了禁令，被废为庶人，囚于凤阳高墙内，饱受摧残达七年。弘光朝他遇赦，受命迁藩至广西平乐，途经杭州时，弘光朝已覆灭；如今，潞王又降清，正于此时，他遇见了一批想拥戴他监国的人。帝王家的辛酸，他早已尝遍，人生的起落，更是寻常事，但他饱读诗书，久经患难，国破之际，很想有一番作为。他，就是明太祖朱元璋九世孙、唐王朱聿键。

不过唐王也有激动的原因，船上这位刚刚发表完一番宏论、盛情邀请他入闽的正是镇江总兵、靖虏伯郑鸿逵，他的哥哥就是福建最有实力的人物——拥兵数十万、战船数千艘，纵横海上、令行禁止的郑芝龙。而对面另外一位看起来温和平易却蕴藉深厚，有着坚忍不拔之气的人，正是他久闻其名的大儒——黄道周，一开口就把他吸引住了：

> 臣以为宜明"四通""四塞"之要。所谓四通者，西北立信州之镇，以通大关；东治三塞之舟，以通海道；东北以衢州权为行在，足通西路之师；西约虔台，实为犄角，以资策应之用。有是四通，随因而塞之：西北塞五虎、杉关，以断建昌；北塞车盘、大安，以防东楚；东塞温州诸岭，以防间道；东北塞清湖、江山，以扼小关。有此四通、四塞者，而天下人心亦次第可收也。以殿下之才，宽仁以为城郭，慈俭以为衽席，察四通、四塞之宜，轻重布之，国势可立矣。

谁说黄道周迂腐固执、无经济之才呢？这一番分析，察形势、明地理、论利弊、合内外，其核心在于以衢州为行在，联结南北，布控东西，充分体现了高超的战略眼光，尤其在此存亡难料、人心惶惶之际，非有通才高识、留意恢复大业者，不能发此议论。唐王赞叹道："黄先生真如商彝周鼎，可谓国之重器，言不虚发，本王相见恨晚。不知各位意下如何？"

但是，郑鸿逵新败于长江，慑于八旗铁骑之威，已如惊弓之鸟，急着想回福建老巢，更何况其兄郑芝龙早有密令："保存实力，选择筹码，以待时机。"因此，他连忙说："黄先生所言有理，然北兵势大，所向披靡，在下以为当暂避闽中，据险而守，再伺机出关，以图恢复，此为上策。"

这话听着好像也无懈可击。旁边的翰林张家玉、户部主事苏观生等人只能说："黄宗伯与郑靖虏皆为国之忠臣，请唐王定夺。"

唐王郑重起身，拱手环揖："本藩不祥，遭逢家国之难，今流寇坏我社稷，强虏犯我中华，天下危如累卵，君臣受辱，百姓罹难。本藩不才，愿与各位忠良共进退，誓以恢复中原、重兴大明为己任，天人共鉴，此心不渝！"

众人齐声说："谨遵王命！"

最终，唐王在郑鸿逵数千兵将的簇拥下，经浙闽交界的仙霞岭进入福建。黄道周不得已，亦跟随其后，南下回闽。

回闽，是因为黄道周相信唐王值得托付，也是因为有一个梦尚未实现。

那是数十年前的一个旧梦。梦里依稀是在南京，他身为阁员,却处囚牢之中,被逼着写一封诏书。他掷笔不从,被打断双臂,痛醒之后,汗流浃背。后来,崇祯十四年(1641)在刑部监狱及锦衣卫镇抚司受到百般拷打时,他都毫不畏惧。因为有了"倪黄榜"之梦的前例,他觉得这个梦还没实现,此番必定死不了。他倒要看看,自己最终是死于权臣之手,还是夷狄之手?

之前南京陷落时他身处异地,而"宰辅"之兆却在福州实现了。

闰六月二十七日,唐王朱聿键在福州称帝,年号隆武。黄道周任首辅大学士,即最高文官,郑芝龙封平虏侯,郑鸿逵封定清侯,他们是隆武帝最为倚重的文武大臣。但是,这也是一个矛盾重重的文武组合。

黄道周和隆武帝的意见是一致的,目前最大的敌人已经不是农民起义军了,而是多年来缠斗不休、如今乘虚而入的清军。他们所到之处,士民都被勒令剃发蓄辫,江南各地"留头不留发,留发不留头"的惨案此起彼伏。黄道周认为,当务之急是趁清军尚未席卷天下,抗清斗争风起云涌之际,趁早出闽北伐,以复孝陵。

而对郑芝龙来说,保存实力、割据一方比尊王攘夷、匡复明室更重要。郑芝龙,又名一官,号飞黄,泉州南安人,明末最大的海商集团军事首领,于崇祯元年(1628)受朝廷招抚。他在受抚前即约束属下不得过分侵掠,以笼络人心，受抚后多以奇珍异宝贿赂达官贵人，并借朝廷命令消灭了海上其他豪强，独占海洋之利，后又承诏讨伐红夷，累功升总兵，权倾督抚。作为一个与明军、海盗，甚至荷兰人打过无数次战役的海上枭雄，郑芝龙对战争的理解比黄道周、隆武帝要清楚得多——战争打的不只是人，更是白花花的银子。商人重利，他不愿拿自己多年经营的成果去为一个前途渺茫的王朝孤注一掷，只要让他据有闽海之利，谁当皇帝还不是一样？而这是一心精忠报国的黄道周不能接受的。甲申之变后，黄道周、刘宗周都曾写信给郑芝龙，一个说"神京之患，有急于桑梓"，一个说"无江南亦安得有八闽，安得有将军家计"，不约而同地请他从大局出发，出闽抗清，郑芝龙都无动于衷，更别说现在"挟天子以令诸侯"之势已成。

七月二十一日深夜，在由福建布政司临时改造成的行宫中，烛影摇曳，隆武帝与黄道周相对而泣。黄道周说：

> 国耻未雪，君仇未报，臣中夜扪心，无法安睡。又思皇上训谕之言，真是一字一泪，一语一血，故臣自不量力，请缨行边。而上次朝宴争位，臣等以为按大明祖制，武将不当居于文臣之首，皇上亦维护臣之意见，故旁观者由此冷嘲热讽，臣更不能不出师。臣去矣！愿陛下保重，勿以一介寒儒而致文武不和、大局受损。

隆武帝眼前这位须发斑白的老人，马上就要以内阁首相、一代大儒的身份上战场，而隆武帝自己在福州，就像落入泥潭的马，越想扬蹄，却陷得越深。郑芝龙表面客客气气，却不肯出兵，说没兵；不肯出饷，说缺饷。实际上，在上次宴会争坐首席风波之前，他早已打着隆武帝的旗号向闽、粤、赣各地征粮征饷了，只是征来的粮饷全部落入他的私人府库之中。

隆武帝让近侍抬出一口木箱，对黄道周说："爱卿，这是我多年来的积蓄，白银两千六百四十两，姑且作为军饷，助卿一臂之力。卿先出征，朕不久定当亲率六师出关，与卿相会于孝陵！"这两千六百四十两白银，仅够万名将士五天粮草。

黄道周跪下，坚定地说："臣遵旨！"

第二天，隆武帝率文武大臣为黄道周举行隆重的出师朝饯典礼，然后黄道周赤手空拳溯闽江赴闽北召募义勇，组建北上抗清队伍。

黄道周一直到九月中旬才遣军从崇安出分水关入赣，因为在这之前他得做好几件事。

一是勘察地形。闽北光泽、崇安、浦城、政和一带，地处闽赣浙交界，曲折盘旋近千里，黄道周日涉其间，以审地利，以定出兵方向。

二是筹划粮饷。目前他的兵饷除了隆武帝给他的私房钱两千六百四十两白银之外，只有张肯堂、何楷等僚友捐助的两千余两，幸好建阳士民又捐献了四千多两，但这些钱只是杯水车薪。一个士兵一个月最低费用是一两五钱，一千人的军队，一个月至少要花费一千五百两；如果是一万人的军队，就要一万五千两，更何况还要购买兵器、马匹及各种军需用品。兵饷问题是令黄道周最发愁的。

三是招募人马。黄道周自请行边，但兵部受郑芝龙掌控，郑芝龙没给他一兵一卒，他只带着几百份空白委任状出行。按道理，这场无兵无饷的仗，有谁会参与呢？首先响应黄道周的是八闽的老百姓。他的第一营士兵是由秀才陈雄飞、应士瑛等人在延平招募而成；第二营则由义士高万荣、应天祥等人在建宁集结而成。此前黄道周已四处去信，向各地亲友、门生、故旧申明大义，请求共襄中兴大业。黄道周亲族及漳州、莆田弟子响应投军共八个营、三千零七十二人。海防参将赵璧的儿子赵士超倾尽家产，招募百余壮士来到闽北；崇安（今武夷山市）当地数百秀才、农夫听说黄阁部要抗清复国，纷纷扛着锄头、扁担至军前报到。加上进入江西后补充的江西、浙江义士，全部兵力增至一万多人。这十二个营的义师，号称"君子之师"，一时声威渐盛。

福州平房侯府中，郑芝龙听到探子快马传来这些消息，一声冷笑："打仗岂是儿戏？我看是'秀才造反'罢了！"

其实，黄道周比谁都知道孔子所言"以不教民战，是谓弃之"(《论语·子路》)的道理，所以花了很大力气在训练民兵上。黄道周治军，务求简练，纪律严明，取《易》卦三百八十四爻之数，以三百八十四人为一营，以风、云、雷、雨、虎、豹、熊、骊、龙、象等为营号，每营设参将一员、游击二员，请有沙场经验的军人训练阵型、技击、进退诸法，假以时日，军队的战斗力定当得以提升。

但是时间不等人。因黄道周久滞边关，朝中流言四起，有人说他不思进取，有人说他结交外藩，更有传言说朝廷要派人替换他。不过对这些黄道周都不甚在意，他相信隆武帝明白他的用心。他比谁都更想出师北伐、收复河山。让他最忧虑的还是军饷没有着落，《孙子兵法·谋攻》早就强调："凡用兵之法，日费千金，然后十万之师举矣。是故兵贵胜，不贵久。"如今数千士兵节衣缩食，饿着肚子在训练，眼看就要坐吃山空。出师，或许困难重重；不出师，则前功尽弃。既然如此，那就出师！

九月十六日，黄道周先遣六营人马，由崇安分水关向江西广信进发。这是他基于"岭内重镇莫要于建阳，而关外要害莫急于广信"的战略判断，经过深思熟虑发起的军事行动，也是隆武帝"联络江西，救徽援衢"方案的重要组成部分。而广信士绅也早就来信盛邀，黄道周遂决定从中路进发，计划与其他各路人马会师于徽州，然后直捣南京。

九月二十五日，黄道周带领中军、后军四营，也踏上了出关之路。分水关位于崇安西北分水岭上，接壤江西铅山，只有从关口到车盘一段十里左右的路途比较崎岖，西向铅山七十里则一路平坦，故分水关为闽赣交通要冲，自古有"八闽第一关"之称。江山如画，落日照大旗，黄道周纵马出关，心潮澎湃，没有注意到对面山岭上有一小队人马正向这边遥望。为首的是一位二十出头的小将，白袍金甲，风神俊逸，凝视着黄道周的背影，喃喃道："石斋先生，恕我不便为您送行。此去前途未卜，愿您保重！"

他，就是奉隆武帝之命巡边的郑芝龙之子、被赐国姓的郑成功，后来与其父分道扬镳，矢志抗清，收复台湾，和黄道周一样，成为后世景仰的民族英雄。

在闽南的蔡玉卿听到黄道周出关的消息，发出一声长叹："自古哪有将在内、相在外而能成就事业的？夫子可能一去不复返了！"

确实如此。虽然北伐军取得牛头岭小捷，收复安仁、余干等地的胜利，但终究由于粮饷匮乏、寡不敌众，加上孤军深入，十二月二十五日，黄道周于徽州婺源城下兵败被俘。此时，距离他出师仅仅过去三个月。

而他的生命，也只剩不到三个月了。

第三十章

最后的家书

清朝招抚江南总督军务大学士洪承畴收到黄道周被俘的消息，大喜过望，以八百里加急上报北京，称"得此一人，胜于数十州郡"。清廷下令将黄道周押至南京，再做定夺。

隆武二年（1646，清顺治三年）正月初三，囚车从婺源发往南京。此时，黄道周已经绝食七天了。守在他身边的四个弟子——漳州平和赖继谨（字敬儒）、龙溪蔡春溶（字时培，蔡玉卿堂弟）、福州侯官赵士超（字渊卿）、庐州六安毛玉洁（字玄水），早已抱着"师存与存，师亡与亡"的必死之心追随黄道周。但眼看先生滴水不进、身体虚弱，赵士超内心不忍，说："先生，听说他们要把我们押至金陵，学生心想，金陵乃太祖陵墓所在，何不待拜谒孝陵之后再完节？况且您此前又有梦兆，或可一并了之。"黄道周睁开双眼，微微颔首，于是稍进水浆。

正月初六，囚车抵达徽州府治所在地新安。这里本是黄道周北伐计划中的会师之处，如今此地已落入清兵之手，斯人已成阶下之囚，黄道周感慨不已，索来纸笔，作家书一封：

三朝已倾覆矣！崇祯、弘光、潞王皆成往事，北征不利，从此致命遂志，亦无所恨，但恐为曾、闵所笑耳！然为子当孝，为臣当忠，亦无所愧已。廿五日至初三日发婺源，初六日至新安，欲往金陵，当在五六日间，此行洪亨九决不可与相见，即见亦无全理。夷、齐、巢、许之间，吾知所处矣！

曾参、闵子骞在孔门弟子中以孝著称，是黄道周心中的孝悌楷模；而伯夷、叔齐、巢父、许由，则是古代气节高尚的隐士。伯夷、叔齐在周灭商之后，义不食周粟，采薇而食，最后饿死于首阳山；许由拒绝了尧帝禅让天下的请求，跑到河边洗耳朵，而巢父居然觉得这样的水已不干净，遂牵牛至上游饮水。黄道周以此表明自己绝不接受清廷的招降。信中他特意提到的"洪亨九"，正是曾任明朝蓟辽总督，松锦会战失败后被俘于松山，最后投降清廷的福建老乡洪承畴。后来郑成功之子郑经攻入泉州，毁洪承畴祠，改祀黄道周，以示尊崇之情，此是后话。

但这封申明忠孝大义的《徽州寄家书》，并不是黄道周的最后一封家书。在新安盘桓数日，适逢元宵佳节，火树银花，灯市如昼，百姓观灯如常，浑无故国之思，黄道周感慨万分，作《新安元夕四章》，其一如下：

上元何处着鳌山，毳帐连江鬼火间。

最是西桥歌舞盛，鱼龙百戏不知还。

鳌山，指元宵节搭建的一种巨大灯景，万盏彩灯堆叠成山，形似传说中的海上巨鳌；毳帐，本指游牧民族所居毡帐，此处指清廷统治下的新安。不久前，徽州休宁人、隆武朝兵部右侍郎金声（字正希）在徽州保卫战中不屈而死；如今，婺源新败，黄道周又被俘至此，而当地民众嬉戏依旧，令他心寒不已。由此，他开始了第二次绝食。

但是，为什么这里的百姓对逝去的大明并没有他想象的那么悲痛？读书人出仕是为皇帝，还是为天下？这天下又是谁的天下？这些问题其实他平时也在思考，但都没有像此刻这般汹涌地袭来，令他的心怦怦直跳。

"先生，我刚写了家书，请伯兄将其次子过继给我，以传香火。不知您是否还要修书，到时一并寄出？"赖继谨在身边轻轻问道。

黄道周本想说"不"，略为思忖片刻，改口说："也罢，我也写几个字吧！"遂提笔于其信末尾写道：

蹈仁不死，履险若夷。

有陨自天，舍命不渝。

想了想，他又写道：

纲常百世，性命千秋。
天地知我，家人何忧。

是啊，仁义、纲常，不就是他一生不懈追求、维护的永恒价值吗？若君不像君，则须匡正之；若仁义失坠，则须挽救之。故此天下当为天下人之天下，士人为天地立心，为生民立命，舍生取义，矢志不渝，家人当知！

家人，是黄道周心中最柔软的部分。黄道周有一个女儿黄子本，还有四个儿子，分别名为黄麑（字子中）、黄麚（字子成）、黄麊（字子和）、黄麑（字子平）。儿子们的名字极为罕见，人皆不知其意。弟子李世熊曾经请教过黄道周："世兄之名，各冠以鹿，想是他日欲联翩为明王嘉宾乎？"李世熊以为这些名字都有"鹿"字旁，应当是借用《诗经·小雅·鹿鸣》"呦呦鹿鸣，食野之苹，我有嘉宾，鼓瑟吹笙"之意。黄道周正色回答道："非也，与鹿游耳！"李世熊恍然大悟。《孟子·尽心上》载："舜之居深山之中，与木石居，与鹿豕游，其所以异于深山之野人者几希。"由此可见，黄道周已预见乱世将至，其子孙将隐于深山之中，与鹿豕同游，其感时忧世与先见之明由此可略窥一斑。后来，蔡玉卿果然继承夫君遗志，率家人隐居远遁,成为"深山之野人"。

蔡玉卿,是最了解黄道周的人。"天地知我,家人无忧"。多年以后,蔡玉卿将黄道周最后的这封家书一个字一个字地读给身边仅存的小儿子黄麚听时,声音平静而有力。黄道周出师后,她曾经给夫君写过一封信:"自古忠贞,岂烦内顾。身后之事,玉卿图之。"而这,也可以说是蔡玉卿写给黄道周的最后的家书。

即将奔赴沙场的黄道周看到蔡玉卿的这封家书后大笑,那是为聆听此高山流水之音而喜悦,更是为自己有幸遇到这样一个知己而开怀。后来,有人称蔡玉卿为"闺阁中铁汉"。在亲人面对命运抉择时,她的意志坚如铁;但是,她何尝不是柔情似水的女子,何尝不愿与夫君在花前月下共读诗书、共品清茗!只是她知道,生死关头,黄道周该做什么。

没有蔡玉卿,黄道周仍然会是后人推崇的民族英雄、文化巨子;但是有了蔡玉卿,黄道周在这条道上行走的脚步无疑更坚定,更踏实,更清晰。

这,正是家人赋予的力量。

第三十一章

一代完人

南京，尚膳监外，春雨潺潺，一人徘徊许久。

尚膳监曾掌管皇帝及宫廷的膳食、宴会等事宜，如今却成为羁押隆武朝首辅黄道周的地方。屋内，黄道周端坐在书桌前，桌上有文房四宝，笔墨精良，他却意兴阑珊。跟随他多年的老仆柴敬在一旁侍立，黄道周示意他坐下，微笑着说："这么多年来，一直有劳老哥照料，不久当可解脱矣！"

柴敬眼圈一红，说："先生吉人天相，此事或有转机。"

黄道周严肃地说："自父母逝后，我早已以身许国，如今北伐不成，唯有一死。若有朝一日，我皇克定金陵，我在天之灵亦可于此迎接王师。"他缓了缓，又说："不知赖继谨、蔡春溶、赵士超、毛玉洁四子囚于何处？他们跟着我受累了！"

柴敬说："我打听过了，据说就在附近。还有，方才执事者告知，稍后有故人欲见先生。"

黄道周说："故人？我之故人多矣！清漳诸先生当年对我厚爱有加，尤其张汰沃（张燮）以名山事业为己任，著书数千卷；江阴徐霞客（徐弘祖）寄情山水，留下不朽之游记名篇。可惜都已早逝，唯我后死者孤独于此。"

柴敬知道张燮和徐霞客是先生一生至交。

说到徐霞客，黄道周想起自己登临过的那些高山，不禁心驰神往，悠悠叹息："还有我曾经邂逅的黄山、九华山、径山、天目山……皆如故人，太白所言'相看两不厌'者，深得我心矣！"

柴敬说："先生不久前作《告辞十八翁诗》，即为诸山而发吧？我记得'交臂遂相失，徘徊云雾中'是写黄山，'忽忽四十年，相忆如梦寐'是写您年轻时去过的罗浮山。"

黄道周称许道："难为你还记得。我以一十八翁代表众山，生死之际，一一揖别，众山闻之，当谓我不薄也。而武夷、太姥乃家乡名山，大涤、邺山为吾讲舍，寤寐相随，辞之不得，亦不忍辞也！"

柴敬不禁垂泪。

黄道周又说："罗浮一游，有幸结识韩氏世家，后来韩若海先生成为我天启壬戌科之座师。同年进士倪鸿宝，笔法深古，高风劲节，甲申之变后殉节于北京。当年我二人相约攻书，更相约报国。如今，我将步故人后尘，平生之言，誓不相负！"

柴敬激动地说："老仆记得，去年十月，先生率师至广信时，倪元璐先生遗孤倪会鼎、倪会覃带着数十名亲戚、家丁前来投军，白衣红缨，誓报家国之仇，令人动容。"

黄道周点点头，又说："杭州失陷后，殉国者更有刘念台先生，可谓吾之畏友也。崇祯朝，吾于夺情之谏后，遭'结党'之诬入狱，备受棰楚，世人皆以为余所遭之不幸一至于此，而念台恐其火力不足，无以练就真金、成就大德；后来，余以永成出狱，世人皆以为大幸，而念台却忧其工力不够，无以卓然树立于天地之间。鞭策之意，昭昭可感。"

柴敬知道黄道周说的是刘宗周，他比黄道周年长七岁，其学以诚意为主、慎独为功，是与黄道周比肩的明末大儒。

提起夺情，黄道周顿了一下，又说："即使如杨武陵，当年余之持论与其相左，但其父子皆不附于阉党，武陵最终因平寇无功而畏罪自尽，亦是死于国事，比之投敌变节之人，截然不同！"

门外那人身躯一震，停住脚步，凝神细听。

柴敬知道杨武陵即杨嗣昌，但不知后者有何特指，迟疑了一下，问："先生您所说变节之人，是……"

黄道周长叹一声，说："当初在翰林院，王心乾先生年长余二十多岁，曾教诲'人生当有所拼，拼圣贤得神仙，拼神仙得豪杰'。其实能否成为圣贤并不重要，重要的是但求问心无愧、不负平生所学。南安洪亨九年少有才，被视为千里驹，二十四岁成进士，为官屡有功绩，被朝廷委以重任。被俘后，先皇以为他壮烈殉国，特设九坛哭祭，孰料其看不破生死，辨不清义利，降清后带兵南下，为虎作伥，昔为同乡，今为仇敌，实在可叹、可恨！"

门外之人慢慢转身，离去，消失于绵绵春雨中。

隆武二年（1646）三月初五上午，白昼如夜，天际的乌云似乎要压到地面。南京东华门外，囚车行经此地时，马儿忽然驻足不前，仰天长嘶。黄道周远远望见孝陵，又看看周围逐渐聚拢的人群，用微弱又坚定的声音对监斩官说："此地离太祖陵墓甚近，就让我成仁于此吧！"

监斩官亦深敬黄道周，于是说："好，谨遵先生之命。"

黄道周下车，朝孝陵方向拜了四拜，又朝南面福建方向遥拜三拜，含笑端坐。刽子手的刀在颤抖，黄道周向他点头示意。

随后，四弟子也被押赴刑场。赵士超抱着老师的头颅失声恸哭："先生稍候片刻，我们来了！"四弟子遂于当日与黄道周一同就义，后人称之为"四君子"。

消息传到福建，隆武帝为之痛悼罢朝，赠黄道周为文明伯，谥忠烈，赐祭，封蔡玉卿为一品夫人，荫其四子，又令有司在漳浦及福州为黄道周立庙，对其生前讲学之处，皆赐匾称"文明书院"。

隆武帝可谓深知石斋先生者。《周易·贲卦·彖传》称："刚柔交错，天文也；文明以止，人文也。观乎天文，以察时变；观乎人文，以化成天下。"文明，代表光明、进步的一方。黄道周忠贞爱国、亮节清操，学贯古今、返本开新。在其就义一百三十年后，他曾经反抗过的清朝之乾隆皇帝竟然也这样评价："若刘宗周、黄道周，立朝守正，风节凛然，其奏议慷慨极言，忠荩溢于简牍，卒之以身殉国，不愧一代完人。"文明、文化具有超越政治与时空的力量，于此亦可见之。

清道光五年（1825）有旨："黄道周其学以致知为宗而止宿于至善，确守朱熹之道脉而独溯宗传，临危授命，正谊明道，准礼部所议，从祀于孔庙东庑。"于是黄道周和他尊敬的前辈圣贤一起，接受后人膜拜。时至今日，闽南各地乃至台湾地区皆有黄道周庙宇，海内外皆重其人、其书，而以黄道周命名的学校、道路，及书法比赛、展览、学术研讨会等也愈来愈多，人们用各种方式表明，他们相信：

世间真有完人在。

结　语

泰山不让土壤，故能成其大；河海不择细流，故能就其深；士人转益多师，故能成其学。在人生悠远的旅途中，跨越的每一座山，跋涉的每一条河，遇见的每一个人，经历的每一件事，都将成为我们生命的一部分。

俗话说"金无足赤，人无完人"，但学习、阅历和思考，可以让我们止于至善。

道不远人，人能弘道，自古至今，莫不如是。

时光流转，清乾隆十六年（1751），福建巡抚潘思榘在东门屿昔日黄道周读书的云山石室题下一联：

仰止高山，已表儒林首出；
溯游学海，群推道岸先登。